돈이 되는 상품개발

| 히트상품은 어떻게 만들어지나? |

PRODUCT DEVELOPMENT

돈이 되는 상품개발

| 히트상품은 어떻게 만들어지나? |

혼다 도시노리 지음 · 류승훈 옮김

좋은땅

온 · 오프라인 통합의 시대에
장사의 기본을 생각한다.

지금 우리나라 유통업계는 대변혁의 소용돌이 한가운데에 있습니다.

쿠팡의 미국증시 상장으로 대표되는 온라인 전환의 거대한 흐름 속에서, 국내 최고의 오프라인 유통기업인 신세계그룹의 이베이코리아 인수로 유통업의 온 · 오프라인 통합은 거스를 수 없는 대세가 되었습니다.

이 배경에는, 스마트폰의 발달과 배달문화의 확산, 그리고 코로나19가 불러일으킨 돌이킬 수 없는 고객의 변화가 있습니다. 앞으로의 유통업에서는 이러한 고객의 변화에 대응하기 위해, 온 · 오프라인을 아우르는 차별화된 경쟁력을 가진 업체만이 살아남을 수 있을 것입니다.

하지만, 온 · 오프라인 통합의 시대에도 변하지 않는 장사의 기본이 있습니다. 그것은 바로 고객이 원하는 좋은 상품을 파는 것입니다. 세상의 변화를 꿰뚫어 고객의 마음을 읽고 필요한 상품을 개발하는 것, 그것은 시대가 바뀌어도 변하지 않는 유통업 본래의 사명입니다.

고객과 가장 가까운 유통업인 편의점 사업에 제가 몸담게 된 이후로, 어떻게 하면 고객이 원하는 좋은 상품을 제공할 수 있을까 하는 것이 언제나 제가 고민하는 숙제였습니다.

편의점 고객들은 주로 20~30대로 연령대도 젊고, 자주 점포를 방문하는 단골고객이 대부분입니다. 그래서 항상 새로운 상품을 선보이지 않으면 금방 싫증을 느낍니다. 주력상품도 도시락이나 음료 등 바로 바로 소비되는 라이프사이클이 짧고 트렌디한 제품이 대부분입니다.

이런 편의점에서 어떻게 하면 고객들이 원하는 상품을 지속적으로 개발하고, 잘 팔 수 있을까를 고민하는 것이 저의 일상이 되었습니다.

그러던 중 편의점 업계의 선구자인 혼다 도시노리 씨의 이 책을 접하고 크게 공감할 수 있었습니다.

혼다 도시노리 씨는 40여 년에 걸쳐 일본과 한국의 편의점 업계에 종사하면서, 고객의 마음에 '꽂히는' 많은 히트상품을 개발하여 오늘날의 편의점 모습을 만드는 데 크게 공헌한 분입니다.

이 책에서는 혼다 도시노리 씨가 생각하는 상품개발의 원칙과 이를 현실에 적용해 만들어 낸 많은 히트상품의 실제 사례들이 풍부하게 실려 있습니다. 뿐만 아니라, 유통시장의 주도권이 판매자 중심에서 구매자 중심으로 바뀌어 가는 현시대의 변화에 어떻게 대응해야 하는지에 대해서도 다양한 관점에서 뛰어난 통찰력을 보여 주고 있습니다.

온·오프라인의 경계가 모호해져 가는 현재의 유통업 상황 속에서, 고객과 가장 가까운 곳에 점포를 가지고 있는 편의점의 역할도 변화

돈이 되는 상품개발

해 갈 것입니다. 한 예로, 앞으로 편의점은 단순한 오프라인 점포의 기능을 넘어서, 고객과 가장 가까운 곳에서 배달 서비스를 지원하는 '마이크로 풀필먼트 센터(Micro fulfillment center)'라는 새로운 역할을 수행할 수도 있을 것입니다.

지금과 같이 격변하는 변화의 시대에, 변하지 않는 유통업 본연의 경쟁력은 무엇일까요? 그것은 아마도 혼다 도시노리 씨가 이 책에서 강조하는 바와 같이, '변화에 대응'해 가는 유연한 사고와 자세, 그리고 고객의 니즈에 맞는 좋은 상품개발이라는 '기본의 철저'임을 마음 깊이 새기게 됩니다.

그런 의미에서 편의점뿐만 아니라 모든 유통업 관계자들이 온·오프라인 통합이라는 대전환의 시대에, 이 책을 통해 다시 한번 장사의 기본을 생각해 보는 기회를 가질 수 있었으면 기쁘겠습니다.

이마트24 대표이사 김장욱

1990년대 우리나라에서 이제 막 태동하기 시작한 편의점은, 그저 매장이 좀 더 깨끗하고 제품가격이 비쌀 뿐인 동네슈퍼였습니다. 지금처럼 다양한 도시락을 팔지도 않았고 편리한 택배 서비스도 없었습니다. 24시간 영업이라는 장점은 있었지만, 그것 말고는 굳이 편의점을 이용할 이유가 없었던 것입니다.

2001년 삼각김밥이 편의점 최초의 히트상품이 되면서, 비로소 고객들이 편의점에 일부러 찾아가야 하는 이유가 생기게 되었습니다. 이후 편의점 도시락과 커피가 팔리기 시작하고, 각 편의점마다 독특한 PL상품(유통업체 자사브랜드 상품)이 늘면서 편의점은 크게 발전하였고, 고객들에게 필수불가결한 생활의 일부로 인정받게 되었습니다.

이러한 성장과 성공의 과정에는 많은 일본인 전문가들의 활약이 있었습니다. 사실 우리가 아는 24시간 편의점이라는 플랫폼 자체가 일본에서 만들어진 것으로, 우리나라 편의점 초창기에 많은 일본인 전문가들의 도움이 있었던 것은 어떻게 보면 당연한 일이었습니다.

그 가운데서도 우리나라 편의점의 오늘을 있게 한 단 한 사람을 꼽는다면 저는 주저 없이 혼다 도시노리 씨라고 말하고 싶습니다. 혼다 도시노리 씨가 우리나라에서 활약한 5년 동안, 한국의 편의점은 '동네슈퍼'에서 진정한 의미의 '편의점'으로 바뀔 수 있었습니다. 혼다 도시노리 씨의 우리나라에서의 활약상은 그의 첫 저서 《삼각김밥 혼다 씨》(이콘 출판)에 잘 그려져 있습니다.

한국 편의점에 큰 발자취를 남긴 혼다 도시노리 씨는 이후 일본으로 귀국하여 일본 편의점 업계에서 에이엠피엠재팬 대표이사, 패밀리마트 상품본부장으로서 다시 한번 크게 활약하게 됩니다. 한국과 일본에서 직접 만들어 낸 40년간의 편의점 사업의 성공스토리와 특히 혼다 도시노리 씨 자신이 애착을 가졌던 상품개발의 노하우와 살아 있는 경험을 모아 놓은 책이 바로 이 《돈이 되는 상품개발》입니다.

이 책에서 이야기하듯, 유통업의 본질은 매일매일 변화하는 고객의 니즈(Needs)에 대응하는 것입니다. 그리고 그 대응은 점포에서 판매하는 '상품'이라는 형태로 표현됩니다. 언제, 어떻게, 어떤 상품을 팔 것인가 하는 것이 사실은 유통업의 전부라고 할 수 있습니다.

그런 의미에서 고객과 가장 가까운 유통업인 편의점 사업과 그 안에서 이루어지는 상품개발의 풍부한 성공사례를 담아낸 이 책은, 편의점 관계자 및 편의점 점주뿐 아니라, 모든 유통업 관계자들이 한 번은 읽어 볼 가치가 충분히 있으리라 생각되어 번역을 결심하게 되었습니다.

마지막으로, 이 책의 출간을 권유해 주시고 추천의 글까지 써 주신 이마트24 김장욱 대표님, 그리고 출간을 위해 적극적인 지원을 해 주신 이마트24 김종경 실장님께 깊은 감사의 인사를 전합니다.

류승훈

어떻게 하면 물건을 팔 수 있을까?

어떻게 하면 히트상품을 계속해서 만들 수 있을까?

그 답을 얻기 위해서 저는 지금까지 인생 전체에 걸쳐 깊이 생각해 왔습니다.

20년간 근무한 세븐일레븐재팬에서 지금은 유통의 신으로 불리는 스즈키 도시후미 씨 밑에서 배웠습니다. 그곳에서 익힌 업무방식을 기반으로, 이후에는 다른 나라와 다른 업종, 다른 체인에서 경험을 쌓아 간신히 몇 가지 정도의 답을 얻은 것 같습니다.

고객의 마음을 사로잡는 것은 정말로 어려운 일입니다. 고객의 머릿속에는 언제나 여러 가지 것이 맴돌고 있습니다. 주머니사정, 그날의 컨디션이나 기분, 계절이나 날씨 등이 무의식중에 고객의 구매의욕에 영향을 주고 있습니다.

많은 상품 중 가장 좋은 것을 직접 고르고 싶은 생각과, 고르는 것이 귀찮으니 적당히 괜찮아 보이는 것을 쇼핑바구니에 넣고 싶은 생각이 동시에 존재하는 것도 고객의 특징입니다.

돈을 절약하고자 1,000원 마트에 들어가서는 아무 생각 없이 몇만 원어치를 사 버리기도 하고, 다이어트 중인데도 포테이토칩을 사는 등 인간의 모순된 행동을 예로 들자면 끝이 없습니다.

그런 사람들의 생각을 꿰뚫어 보면서 계속해서 히트상품을 만들어 내는 것이 제가 하는 일입니다. 고객의 심리라는 경쟁점보다 훨씬 더 강한 상대와 승부를 하고 있다고 할 수 있습니다.

이 책에는, 저의 체험으로부터 우러나온 상품 만들기의 노하우가 결집되어 있습니다. 편의점 업계에서 일하시는 분들뿐 아니라 소비 자를 상대하는 모든 비즈니스 분야(예를 들면 슈퍼마켓, 레스토랑, 개인 커피숍, 서점, 자동차 제조업체, 호텔) 종사자가 읽어도 도움이 될 것이라고 생각합니다.

여러 가지 에피소드 속에 핵심 내용을 군데군데 새겨 넣었습니다. 그중에는 모든 것에 공통된 가장 중요한 본질이 있습니다.

그것은 '변화대응력'입니다.

세상의 변화, 소비자의 변화, 사회구조의 변화, 트렌드의 변화, 기후의 변화, 회사의 변화 등 세상에는 여러 가지 변화가 있습니다. 그러나 어떠한 변화에도 대응해 가는 유연한 사고력과 발상력, 도전력을 익히게 되면, 당신은 훌륭한 히트상품을 만들 수 있을 거라고 단언합니다.

고도경제성장시대라고 불리던 쇼와 시대[1]에는 히트상품이 많이 만들어졌습니다. 당시에는 음식, 패션, 전자제품, 음악, 헤어스타일

---

1) 1926년부터 1989년까지 일왕 쇼와의 재위기에 사용된 연호.

등 모든 사람들이 똑같은 것을 원하는 시대였습니다. 물건이 적었던 시대에는 대량생산, 대량소비 속에서 히트상품도 만들어지기 쉬웠습니다.

하지만, 헤이세이 시대[2] 이후 달라졌습니다. 세상에는 물건이 넘치고, 사람들의 기호와 가치관이 다양해졌습니다. 우리 같이 상품을 만들어 파는 사람들에게는 소비자의 니즈(Needs)가 잘 보이지 않는 시대가 되었습니다.

그러나 고객의 물건에 대한 욕구가 완전히 사라진 것은 아닙니다. 다양한 가치관에 근거하면서도, 무언가의 상품은 원하고 있는 것입니다. 고객 스스로는 잘 모르고 있는, 아직 본 적도 없는 상품을 형태로 만들어 세상에 내놓는 것이 제가 하는 일입니다.

저는 종종 '이 돼지, 저 돼지'라는 표현을 사용하여 이 상황을 설명합니다.

커다란 우리 안에 100마리의 돼지가 있고, 그 우리 밖에서 고객이 돼지를 고르고 있습니다. 판매자가 "이 돼지, 얼마면 사시겠습니까?"라고 물었습니다. 그때 만일 고객이 돼지에 대한 지식이 없으면, 어떤 돼지가 좋고 나쁜지 모른 체 막연하게 판매자의 얘기만 들을지도 모릅니다. 그러나 고객이 돼지에 대해서 풍부한 지식이 있어 품질에 대해 잘 안다면 어떨까요?

그렇습니다. 고객은 "저 돼지라면 얼마입니까?"라고 각각의 돼지에 대해 가격흥정을 하지 않을까요?

---

2) 1989년부터 2019년까지 일왕 아키히토의 재위기에 사용된 연호.

편의점을 예로 들면, "일단 푸짐한 돼지불고기도시락을 만들자. 그러면 잘 팔리겠지."라고 생각하는 것이, '이 돼지레벨'입니다. 하지만 어느 지역의 돼지를 사용하여 어떻게 조리해서 어느 시기에 팔지, 어떤 용기로 포장할지 등의 세부적인 것까지 고민하여 시행착오를 거친 상품은 '저 돼지레벨'인 것입니다.

시대는 변화하기 때문에, 어떤 업계든 예전의 방법대로 해서는 히트상품을 만들어 낼 수 없습니다. '저 카테고리의 상품을 만들자'가 아닌, '이 상품을 만들자'라는 핀포인트 발상을 하지 않으면, 고객의 마음을 끄는 상품을 만들 수 없습니다. 히트라는 것은, 고객의 마음에 '꽃히는' 것입니다. "이거야! 이걸 갖고 싶었어!"라고 생각되는 상품을 만들기 위해 어떤 사고력이 필요한지 담아낸 것이 이 책입니다.

물이 산에서 바다로 흐르는 것처럼, 지혜라는 것은 마음이 열려 있는 사람에게 흘러가는 것입니다. 스스로의 재능에 자신감을 가지는 것은 좋지만, 타인의 의견이나 체험, 영감, 가르침을 마음을 열고 받아들이지 않고서는 발전 가능성이 있을 수 없습니다. 적어도 제가 존경하는 기업가들은 모두 놀라울 정도로 마음을 열고 다른 사람의 이야기를 듣는 사람들이었으며, 저도 그러고자 노력해 왔습니다.

다른 사람들의 이야기 속에야말로, 히트상품의 힌트가 숨어 있습니다. 이 책을 손에 쥔 여러분들이, 하나라도 더 많은 멋진 상품을 만들어 낼 수 있기를 바랍니다.

차례

추천의 글 · 005

역자의 글 · 008

들어가는 말 · 011

상품개발력 양성강좌
- 상품의 '히트상품화'를 생각한다 -

그 상품은 '히트상품화'할 수 있는가? · 022

제품은 '히트상품화'해야 비로소 상품이 된다 · 024

타협하는 사람, 타협하지 않는 사람 · 026

고객은 무엇을 찾아 점포를 방문하는가? · 029

오리지널상품을 만들 것인가?

시장에서 끌어모을 것인가? · 031

'매일 마시고 싶은 커피'는 어떤 커피인가? · 034

이 상품은 누가 사는가? · 038

기존 카테고리 상품의 접근법을 바꾼다 · 041

유사 상품은 늘려도 효과는 없다 · 044

단층이 아니라, 3층으로 상품을 만든다 · 047

월말에는 작은 사치를 하고 싶어진다 · 050

상품개발과 판촉은 수레의 두 바퀴 · 052

외식산업 vs 간편식산업 · 054

도쿄 내 가구의 절반은 1인 가구 · 059

'일상'을 지향할까? '비일상'을 지향할까? · 061

인체의 52주를 생각한다 · 063

계절에 따라 변화하는 입맛 · 066

일본인의 소울푸드, 라멘을 제압한다 · 068

'~가 아니더라도'라는 발상을 버린다 · 070

매뉴얼은 때로는 사고력을 빼앗는다 · 074

'할 수 있을까'가 아니라 '한다'고 정한다 · 076

아직 본 적 없는 신상품, 발상전환의 신상품 · 080

책상에서 일어나 거리로 나가라 · 083

슈퍼마켓과 편의점, 팔리는 맥주가 다르다 · 086

시간 절약 샐러드와 키우는 샐러드 · 089

잘 팔리는 상품이야말로 바꾸자 · 092

히트상품이 나오지 않는 시대의 상품개발 · 095

판매력 양성강좌
- 잘 팔리는 점포를 만든다 -

팔려야 할 상품이 팔리지 않는다 · 098

물건이 팔리지 않는 것은 누구 탓? · 101

AI는 할 수 없는 창조력을 발휘한다 · 104

점포의 콘셉트를 명확히 한다 · 106

슈퍼마켓 옆의 편의점이 왜 망하지 않는가? · 109

'시간 편의성'이라는 가치 · 112

대형점에 소형점이 대항하는 방법 · 116

선택할 자유, 선택하지 않을 자유 · 118

슈퍼마켓에 목적 없이 가는 사람은 없다 · 122

실용성 × 놀라움과 즐거움 = 잘 팔리는 점포 · 125

잘 팔리는 점포는 길 건너편에서 알 수 있다 · 129

당연한 일의 중요함 · 133

사람은 돈을 건네는 인간을 무의식적으로 보고 있다 · 136

출점 후보지는 어떻게 정하나? · 138

고객을 빼앗는다는 생각을 버린다 · 142

점포경영은 육아와 비슷하다 · 145

'가설과 검증'이 잘 팔리는 점포를 만든다 · 148

발주작업의 열쇠는 '단품관리' · 151

'죽은 상품'은 집세를 내주지 않는다 · 155

'일단 놓아두자'는 상품을 놓아두지 않는다 · 159

어묵이 다 팔린 이유 · 160

왜 음식을 품절시키면 안 되는가 · 162

우천용 상품은 비 오는 날밖에 진열할 수 없다 · 165

20%의 비정형작업이 매출을 좌우한다 · 168

데이터에 의지하지 않는다 · 170

신상품이라는 '자극'을 눈에 띄게 한다 · 173

할인은 일종의 마약 · 176

'완판'은 성공이 아니라 실패다 · 178

상품아이템을 늘리는 것의 단점 · 181

아이템 수를 줄이면 매출이 오른다 · 183

매출 2개의 상품은 남길까 삭제할까 · 185

팔아 내는 힘 · 188

변화대응력 양성강좌
- 세상의 변화를 꿰뚫어 본다 -

여름이라는 순풍이 끝날 때 · 194

세상은 '변화'로 가득 차 있다 · 197

장갑은 언제 팔리는가? · 200

'봄을 기다리는 기대감'을 형태로 만든다 · 203

기념일에 매출이 오르는 점포, 떨어지는 점포 · 205

밸런타인데이와 화이트데이는 별개 · 208

이벤트가 없는 계절에 무엇을 팔까? · 210

아이스크림은 언제 어디서 팔리는가? · 213

계절이 바뀌면 죽어 가는 상품도 있다 · 217

키워드 연상으로 뇌를 단련한다 · 219

공짜로 할 수 있는 마케팅 · 222

똑같은 봄은 두 번 다시 오지 않는다 · 225

브라질에서는 비가 얼마나 오고 있을까? · 227

바닷물 온도와 삼각김밥 · 229

스케일 메리트와 디메리트 · 232

최고 인기 샌드위치를 출시할 수 없는 이유 ·235

캔커피 '조지아' 히트의 이면 ·237

일본의 노하우는 세계에서 통한다? ·240

'맛'은 과학이다 ·243

클레임은 찾아내는 것 ·247

조령모개(朝令暮改)인가? '조령조개(朝令朝改)'인가? ·250

자기 부엌을 다른 사람에게 맡기지 않는다 ·253

2025년 문제 ·258

변화에 대응하는 힘을 기른다 ·262

제로부터 시작하는 것보다 개혁하는 것이 더 어렵다 ·265

맺는말 ·268

제1장

상품개발력
양성강좌

- 상품의 '히트상품화'를 생각한다 -

그 상품은 '히트상품화'
할 수 있는가?

———

어떤 상품개발팀 직원이 이탈리안 레스토랑에서 멋지고 맛있는 성게 크림 파스타를 먹었습니다.

"이거 맛있는데! 편의점에서도 팔아 보자!"라고 생각해 1개 1,500엔의 성게 크림 파스타 상품을 제안했다고 합시다. 혹은 백화점에서 판매하는 고급 찐빵 맛에 감동해 똑같은 고급 식재를 사용하고 공을 들인 레시피를 고안해 1개 800엔으로 팔려 한다고 합시다.

자, 이 상품은 팔릴까요?

그리고 당신은 살까요?

유감스럽게도 저라면 사지 않습니다.

더 정확히 말하면, 호기심에 한 번 정도는 살지도 모르겠습니다만, 매일 사지는 않을 겁니다.

아무리 맛있어도 1개 1,500엔의 파스타나 800엔의 찐빵은 편의점 상품은 아닙니다. 식재나 조리법, 보존방법이나 진열방법도 어렵겠지만, 무엇보다 고객은 편의점에서 가격 면에서 이렇게까지 비싼 상품을 원하지 않기 때문입니다. 아무리 맛있어도 '전문점과 똑같은 비싼 가격'으로는 의미가 없습니다.

가끔 상품개발팀 직원이 이런 제안을 하지만, '요즘 유행하고 있어서'라는 이유만으로 신상품을 개발해서는 팔리지 않습니다.

상품이나 서비스를 제공하는 사람으로서 요즘 화제가 무엇인지, 사람들이 무엇을 원하는지에 대해 항상 연구하는 것은 중요합니다. 하지만, 그 아이디어를 그대로 가져온다고 '팔리는' 상품이 되지는 않습니다.

중요한 것은 그 아이디어를 어떻게 연구하여 자신의 강점을 살린 상품으로 바꾸는가입니다. 이 맛과 감동, 놀라움을 어떻게 표현할 수 있을까? 그것이 '히트상품화'라는 것입니다. 바꾸어 말하면 어떻게 '편의점화'할 수 있을까입니다.

이 장에서는 주로 상품개발의 관점에서 '히트상품화'의 핵심을 살펴보고자 합니다. 세상의 유행을 무시할 수는 없습니다. 그렇다고 해서 1등을 뒤쫓아 가기만 해서는 언제까지나 2등일 뿐입니다. 편의점만이 아니라, 어떤 업계라도 자신의 상품에 대해 '도대체 누구를 위한 것인지'를 생각하지 않으면 시작은 없습니다.

제품은 '히트상품화'해야
비로소 상품이 된다

───

　일본인은 맛있는 것에 열중합니다. 특히 20~30대 사이에서 맛있는 음식이나 점포의 정보는 눈 깜짝할 사이에 퍼집니다. 아오야마, 시부야, 다이칸야마, 하라주쿠, 롯본기, 긴자, 신주쿠 등의 젊은이들을 타깃으로 한 점포가 계속 오픈되고, 잡지나 SNS에 올라간 점포 앞에는 긴 줄이 있습니다.

　와플, 아이스크림, 도너츠, 팬케익, 샌드위치, 비건 요리, 샐러드, 생과일주스 등 각 테마별로 특화한 점포도 연이어 등장하고 있습니다. 맛이나 소재가 특화되어 다른 점포에서는 맛볼 수 없는 상품을 줄을 서서라도 맛보고 싶다는 호기심을 가지고 있습니다.

　유통업체는 그런 흐름을 무시할 수 없습니다. 그러나 사람들이 무엇을 원하고 있는지를 파악하는 것과 그 유사품을 만드는 것은 언뜻 비슷해 보이나 전혀 다른 일입니다. 유행하고 있거나 지금부터 유행할 것을 일부러 반영하여 상품을 개발하는 그 의미는 어디에 있는지, 정말로 자신들이 만들 필요가 있는지, 판매한다고 하면 어떤 형태가 매력 있는 상품으로 될 것인지 등의 관점이 결여되어 있습니다.

반대로 꼭 팔고 싶은 상품이 있다면, 전문점이 아니기 때문에 할 수 있는 다른 방법을 찾아야 합니다. 커피나 프라이드치킨 등 이제껏 전문점의 독점상품이라고 여겨졌던 아이템을, 편의점이 독자적으로 상품개발하여 전문점에 대항할 수 있는 매출을 만들어 낸 사례는 적지 않습니다. '전문점이 아니라서 어렵다'가 아니라, 자신이 흥미를 가진 아이템을 어떻게 하면 '히트상품화'할 수 있을까 하는 유연한 발상이 필요합니다.

무언가 팔릴 것 같은 것을 만들어 파는 것. 이 정도의 감각으로 만든 것은 단순한 '제품'에 지나지 않습니다. 그러나 자신만의 색깔을 내어 팔기 위한 모든 수단을 동원해, 실제 손에 쥔 고객의 마음에 기쁨을 줄 수 있는 물건은 '상품'이 됩니다.

우리는 단순한 '제품'을 만들어 내기 위해 일하고 있는 것이 아니라, 사람들을 기쁘게 하기 위한 '상품'을 만드는 일을 하고 있습니다. 이러한 자부심이 중요하며 또한 '히트상품화'의 키워드가 되는 것은 아닐까요?

타협하는 사람,
타협하지 않는 사람

제가 세븐일레븐재팬에서 일하던 때의 일입니다. 저는 '히트상품화'의 방법, 발상에 대하여 당시 회장인 스즈키 도시후미 씨에게 철저하게 그 자세를 배웠습니다. 하나의 사례를 소개하겠습니다.

당시 저는 케이크를 편의점에서 판매하려고 생각하고 있었습니다. 지금은 어느 편의점에서나 여러 가지 디저트가 다양해졌지만, 당시의 편의점에서는 아직 존재하지 않는 카테고리였습니다.

그래서 자료를 만들고 신상품개발회의에서 프레젠테이션을 했습니다. 그런데 스즈키 씨는 "이봐, 그렇게 말은 해도, 어렵지 않겠어?" 하고 아주 냉담하게 거절했습니다.

그러나 무언가 마음에 걸리는 것이 있었는지 생각을 바꾼 것처럼 다시 얘기했습니다. "다시 생각해 보고, 다음 주에 또 가져와."라고.

그때부터 매주 프레젠테이션의 연속이었습니다. "안 돼, 안 돼." "그런 건 안 팔려!"의 연속이었지만 계속 "다음에 또 가져와."라고 했습니다.

그렇게 8주 정도 계속되었을까요? 어느새 저의 아이디어도 다 바닥이 나, 또 "다음 주에 가져와."라고 하면 뭔가 새로운 방법을 찾아야 하는 상황이었습니다.

그러던 어느 날, 푸딩을 보고 아이디어가 번뜩 떠올랐습니다. "케이크 전문점의 진열대에서 파는 것처럼, 편의점에서 똑같이 진열해 판매하기는 어려워. 하지만 푸딩 같은 플라스틱 케이스에 넣어 만들면 어떨까? 보기에도 예쁘고 배송도, 판매도 쉽다. 그러면 잘 팔리지 않을까?"라고.

그 내용을 프레젠테이션하니 갑자기 스즈키 씨가 외쳤습니다.

"그거야! 혼다. 내가 말한 게 바로 이거잖아."

농담 같지만, 이런 일은 그 후에도 자주 있었습니다. 제가 전하고자 하는 것은, 저 자신이 이 체험으로부터 '타협하지 않는 것'을 배웠다는 것입니다.

보통은 어느 정도 수준에 도달한 상품을 보면 오케이 사인을 내고 싶어집니다. 하지만 스즈키 도시후미라는 사람은 그 '어느 정도'라는 생각이 전혀 없는 사람이었습니다. 자신이 추구하는 레벨에 도달하지 않으면 절대 인정하지 않는다, 만들지 않는다, 판매하지 않는다.

모든 일이 그렇다 보니, 주위에서 일하는 사람들은 항상 전전긍긍하게 됩니다. 하지만 그 타협을 허락하지 않는 자세야말로 세븐일레븐을, 그리고 일본 편의점을 여기까지 성장시킨 것이라고 생각합니다.

　"우리가 ○○을 파는 것은 어려워."라고 단정 짓는 것은 간단하지만, 깊이 생각하면 어딘가에 힌트가 있다는 이야기입니다.

고객은 무엇을 찾아
점포를 방문하는가?

———

　당신이 경영하는 점포나 서비스에 대하여 고객이 원하는 것은 무엇일까요? 어떤 장사든 반드시 그 점포나 서비스를 대표하는 핵심 상품이나 콘셉트가 존재할 겁니다. 그 핵심을 제대로 이해하고 노력을 기울여 키워 내고 있습니까? 만일 그 핵심을 '이미 장사가 잘되고 있으니까 괜찮겠지'라며 키우려 하지 않고, 되는 대로 고객을 확대하려고 이것저것 사업을 확장하려 한다면, 한 번 멈추고 생각해 볼 필요가 있습니다.

　편의점의 핵심 상품은 무엇일까요? 편의점에는 정말 많은 아이템이 있습니다만, 사람들은 삼각김밥과 도시락, 샌드위치나 샐러드, 파스타 등의 푸드(Food)류를 가장 많이 살 겁니다.

　잡지나 신문, 담배, 음료, 껌이나 사탕 등은 편의점이 아니더라도 슈퍼마켓이나 길거리 매점에서도 살 수 있습니다. 혹은 다른 체인 편의점에서 사더라도 그렇게 큰 차이는 없겠지요.

그러나 그 편의점체인에서만 파는 도시락이나 삼각김밥 같은 것이 있습니다. 이것이 편의점에 있어서 가장 중요한 핵심이 되는 카테고리입니다.

편의점에서 소비행동은 대개 아침식사나 점심식사로 도시락이나 삼각김밥, 샌드위치 등을 사러 왔다가 그 참에 담배나 음료, 잡지 등을 구입하는 패턴입니다. 즉 잡지나 신문, 음료나 과자 등의 상품은 아무리 충실하게 갖추더라도 핵심이 되는 푸드가 맛있지 않으면 고객의 방문동기와는 연결되지 않는다는 겁니다.

도시락이나 삼각김밥 등은 자사에서 개발하므로 이익률도 높고 이러한 푸드의 매출은 그대로 일매출(한 점포당의 하루 매출)로 직결됩니다. 이 장르를 얼마나 충실히 할 수 있는가에 따라 각 편의점의 운명이 정해진다고 해도 과언이 아닙니다.

돈이 되는 상품개발

오리지널상품을 만들 것인가?
시장에서 끌어모을 것인가?

———

현재 아시아 각국을 중심으로 일본의 편의점 문화가 확산되고 있고, 그곳에서도 역시 푸드의 중요성은 여실히 드러나고 있습니다.

아시아에서 편의점을 시작했을 때 초기의 한 점포당 하루 매출은 엔화로 15만 엔에서 20만 엔 정도지만, 말레이시아는 처음부터 이것을 크게 뛰어넘는 높은 매출을 보이고 있습니다.

왜일까요? 말레이시아 사람들이 특별히 편의점을 좋아하기 때문일 리는 없습니다. 가장 큰 차이는 푸드가 충실하기 때문입니다.

말레이시아의 경우 저도 처음부터 관여할 수 있었기 때문에 이 부분은 확실히 의식해 지도해 왔습니다. 철저히 현지 시장을 조사하여 현지인들이 어떤 음식을 좋아하는지를 깊이 고민하여 메뉴를 준비하고, 공장과 인프라를 정비해 점포를 만들었습니다. 예를 들면 현지에는 바게트샌드위치는 있지만, 일본식의 푹신푹신한 샌드위치는 없습니다. 따라서 아주 부드러운 빵을 투입하거나 아이스크림 등의 간판 상품을 만들었습니다.

그 가운데서도 가장 잘 팔리는 상품은 어묵입니다. 일본풍의 다시 육수와 태국풍의 똠얌꿍 두 종류를 판매했는데, 원래 말레이시아 사람들이 생선 요리를 먹었기 때문에 친화성이 높았던 것 같습니다. 점포에 따라서는 어묵 담당자를 따로 둘 정도로 판매가 좋습니다.

한편, 한 점포당 매출이 좋지 않은 나라도 있습니다. 같은 편의점체인인데도 일매출이 좋지 않은 이유는 간단합니다. 푸드에 힘을 기울이고 있지 않기 때문입니다.

예를 들면, 어떤 나라에서는 점포 수는 많지만 제대로 된 푸드를 만들 공장이 없었습니다. 때문에 이 나라에 기존에 있던 다수의 상품을 끌어모아 점포에 진열만 하게 되었습니다. 틀림없이 편리한 점포이기는 합니다. 이 점포에 오면, 과자나 음료, 담배나 신문까지 모든 것을 살 수 있습니다. 단 이것들은 다른 점포에서도 살 수 있습니다. 꼭 이 점포에 와야만 맛볼 수 있는 비장의 카드가 없는 것입니다.

편의점뿐만 아니라 해외 진출 기업이 주의해야 할 점은, 점포의 간판만 가져가서는 상품은 팔리지 않는다는 것입니다. 그곳에서 '히트 상품화'하기 위해서는 어떻게 해야 할까요? 일본식을 그대로 밀어붙이는 것은, 현지인들이 좋아할지 어떨지 모릅니다. 그렇다고 현지에 있는 것만을 끌어 모으면 일본에서 굳이 진출한 의미가 없습니다. '일본이 가진 기술, 노하우, 업무방식이라는 특색을 토대로, 어떤 연구를

돈이 되는 상품개발

하면 그 나라 사람들이 좋아하는 상품, 공간, 서비스를 제공할 수 있을까?' 그것을 생각하는 것이 우리의 일입니다.

다시 한번 말씀드리지만, 잡다한 상품을 그냥 진열하는 것만으로는 얼핏 편리해 보여도 아무에게도 도움이 되지 않는 점포일 뿐입니다. '이 점포를 방문하는 사람이 가장 원하는 것은 무엇일까?' '이것이 우리 점포의 주력상품이라고 당당하게 말할 수 있는 것은 어느 카테고리인가?' 그것을 스스로 파악해 둘 필요가 있습니다.

'매일 마시고 싶은 커피'는
어떤 커피인가?

편의점 업계에서는, 최근 수년간 카운터커피의 매출이 단숨에 신장하였습니다.

이전에는 편의점 커피라고 하면 캔커피나 냉장커피를 가리켰습니다. 2013년 이후 각 편의점마다 카운터 옆에 설치한 커피머신에서 갓 추출한 커피를 제공하여 큰 붐이 일었습니다.

전문점의 상품을 그대로 도입해도 '히트상품화'로는 연결되지 않는다는 이야기를 했습니다. 실은 갓 추출한 커피는 편의점 업계의 오랜 숙제이기도 했습니다. 아이디어 자체는 꽤 오래전부터 있어서 시행착오를 거듭해 왔지만, 여러 가지 이유로 좀처럼 성공하기 어려웠습니다.

편의점은 상주하는 전문 직원을 두고 커피를 서비스할 수는 없습니다. 그렇다고 대량으로 추출해서 주문 시마다 컵에 따르면 맛이 산화되어 버립니다. 편의점이지만 전문점에 손색없는 커피를 마실 수 있도록 하는 것이 중요했습니다.

각 편의점이 '갓 추출한' '맛있는' '값싼' '신속한' 커피의 과제를 해결하기 위한 연구를 거듭하는 가운데, 최종적으로는 세븐일레븐이 수차례의 시도를 거쳐 커피 판매를 본격적으로 시작하였기에, 다른 편의점체인들도 어정쩡한 상태에서 서둘러 시작하게 되었습니다.

하지만 여기서도 '세븐일레븐이 시작했다' '그럼 우리도'라는 식이면 그냥 2등이 될 뿐입니다. '우리 편의점에서만 맛볼 수 있는' 맛으로 차별화할 필요가 있습니다.

처음부터 '왜 편의점에서 커피를 제공할 필요가 있을까?' '누가 그 커피를 마실까?' '어떤 커피가 가장 맛있는 커피인가?'를 철저히 토론을 거듭하였습니다.

전국 10,000점이 넘는 점포에서 일제히 커피를 제공하는 것의 어려움은 '맛있는 커피는 어떤 것인가?'라는 근본적인 과제가 있기 때문입니다. 이것은 기호품 전반에 걸친 문제로, 각 개인의 취향이 크게 달라 정답이 없습니다. 매일 마시는 습관성이 높은 것이야말로 고객을 붙잡으면 점포로서도 안정된 이익을 낼 수 있지만, 다수의 사람들로부터 지지받지 못하면 외면당하게 됩니다.

세상에는 산미가 강한 커피를 좋아하는 사람이 있는가 하면, 깊은 맛의 커피를 좋아하는 사람도 있습니다. 단연 블랙이 좋다는 사람이 있는가 하면, 항상 우유를 넣어 마시는 사람도 있습니다. 드립커피가 좋다는 사람이 있는가 하면 에스프레소머신에서 추출한 카푸치노 등을 좋아하는 사람도 있습니다.

취향은 천차만별로, '이렇게 하면 모든 사람에게 통한다'는 정답은 없습니다. 전문점과 달리 여러 종류의 원두나 추출방식을 제시해 고객이 선택할 수도 없습니다. 기본이 되는 추출방식이나 원두의 블렌딩을 정해야 하기 때문에, 사내에서도 여러 '커피당(党)'으로 나뉘어 의견이 갈라지고 수습이 되지 않았습니다.

결국, 우리가 내린 결론은 최고 등급 원두인 과테말라와 브라질 원두를 블렌딩하여 커피의 본고장 유럽에서 점유율 1위인 독일제 에스프레소머신으로 추출하는 방법이었습니다.

에스프레소머신으로 추출하는 최대 장점은, 우유를 가득 사용한 맛있는 카페라테를 제공할 수 있다는 점입니다. 당시 우리 점포는 도심부에 많고 젊은 여성 고객도 많은 것이 특징이었습니다. 여성 중에는 카페라테나 카푸치노를 좋아하는 사람도 많아, 그분들이 좋아하는 커피를 제공하려는 생각도 있었습니다.

이 결정은 결과적으로 정답이었습니다. 기존에 자주 우리 편의점을 이용하던 고객으로부터도 좋은 평가를 받았지만, '그다지 편의점은 이용하지 않는다'는 고객분들도 새로운 고객으로 붙잡을 수 있었기 때문입니다.

아까 이야기했던 것처럼 커피는 습관성이 높은 음료입니다. 매일 아침 편의점에서 커피를 사 마시는 습관이 생기면 안정된 매출로도 연결되고, 게다가 빵이나 과자, 잡지를 구입하는 연관구매효과도 얻

돈이 되는 상품개발

을 수 있습니다.

또, 우유를 다루는 머신을 도입한 덕에 나중에 새로운 간판상품도 만들 수 있게 되었습니다. 녹차라테, 밀크티 그리고 코코아, 여름에는 카페프라페나 밀크티프라페 등 우유를 사용한 여러 아이템을 투입할 수 있었습니다.

'요즘 유행하고 있어서' 혹은 '경쟁점이 시작해서'라는 동기만으로 닥치는 대로 신상품에 손을 대면 실패하는 일도 있습니다. 거기에 빨리 뛰어들고 싶다는 생각을 꾹 참고 '애초에 왜 우리가 이 상품을 만들고 싶은지' '누구에게 팔 것인지'라는 원점을 굳건히 하는 것이 필요할 것입니다.

이 상품은
누가 사는가?

———

　이전 드러그스토어체인[3]의 업무개혁을 진행할 때의 일입니다. 그때까지 편의점의 업무는 충분히 해 왔습니다. 소매업, 유통업에 있어서 업무방식은 충분히 알고 있었지만, 역시 드러그스토어체인은 처음이어서 2주간 쭉 점포에 있었던 적이 있습니다. 점포 앞에 우두커니 서 있는 것도 시간낭비라서, 하루 종일 대걸레를 가지고 바닥을 청소하거나 창문을 닦거나 선반을 정리하면서 오로지 고객의 동선을 계속 지켜보았습니다. 어느 시간대에 어떤 층의 고객이 어떤 상품을 손에 쥐고 살펴보며 어느 것을 선반에 다시 되돌려 놓는지 실제로 어느 상품을 사는지 그것을 철저히 계속 관찰했던 것입니다.

———

3)　드러그스토어(Drug Store): 의사의 처방전이 필요 없는 일반의약품을 판매하며, 여기에 더해 건강미용용품, 일상용품, 식품의 일부(음료, 신선식품 등)를 셀프 서비스 방식으로 판매하는 소매업태의 한 종류로, 우리나라의 약국＋H&B스토어의 형태로 운영된다.

거기서 많은 것을 보았습니다. 점포에서는 '어쨌든 싸게 팔면 팔리겠지' 하고 특별할인코너에 세제를 산처럼 쌓아 두었지만, 의외로 주부들은 그 코너에 눈길도 주지 않았습니다.

지금은 '싸면 쌀수록 좋다'는 시대가 아닙니다. CF나 인터넷에서 여러 가지 상품지식을 얻을 수 있고, 자신의 취향도 확립되어 있습니다. 그럼에도 불구하고, 변함없이 점포에서는 '드러그스토어는 특별할인코너를 설치하는 것'이라고 생각 없이 산처럼 쌓아 두는 것입니다. 거의 팔리지 않은 채로 먼지를 뒤집어쓰고 있는데도 타성에 젖어 계속 놓아두는 상품도 있었습니다.

'좋은 상품을, 값싸게 제공하면, 반드시 고객은 사 주실 것'이라는 확신은 사실일까요?

실수요자에 대한 조사도 없이 매장에 놓아두어도 그것이 판매실적으로는 이어지지 않을 거라고 생각합니다.

그 후 저는 다시 편의점 업계에서 일하게 되었습니다만, 현재에는 T포인트카드나 라쿠텐카드 등 여러 점포에서 사용할 수 있는 공통포인트카드나 전자머니카드가 늘어나 소비자의 구매상황을 보다 상세하고 정확하게 파악할 수 있게 되었습니다. 예를 들면 도심에 사는 30대 독신 여성이 어떤 상품을 어느 정도의 빈도로 사는지, 40대 남성은 어떤 소비행동을 하는지, 방대한 데이터를 이해함으로써 판촉이나 상품개발에 참고할 수 있습니다.

거기에서 고객의 변화된 모습도 떠오릅니다. 편의점이 생기고 이미 40여 년. 그간 이용자층도 변화해 왔습니다. 편의점의 메인 타깃은 오랜 기간 학생이나 혼자 생활하는 회사원 등 젊은 남성층이었지만, 그들이 해를 거듭해 중장년이 된 지금에는 나이를 먹은 그들에 더해져 젊은 여성이나 고령자, 아이를 데리고 오는 주부 등 이용자층은 확대되고 있습니다.

예전이면 주로 청년층을 상정해 상품개발하면 될 것이, 지금은 실로 다양한 층을 대상으로 세심하게 개발할 필요가 있습니다. 도시락도 한때는 싸고 양이 많은 도시락이 인기였지만, 지금은 여성 취향의 채소가 가득한 수프를 준비하거나 다채로운 반찬이 들어 있는 예쁜 소형 도시락도 제공할 필요가 있습니다. 당뇨병을 신경 쓰는 중년층에게 탄수화물이 없는 도시락도 준비하고 싶다거나, 고령자를 위한 영양밸런스가 좋은 식사를 제공하고자 한다거나, 어린아이도 먹을 수 있는 삼각김밥이나 도시락, 반찬에는 가능한 한 첨가물이나 보존료를 넣지 않는 배려도 하고 싶다는 등 여러 가지 요청이 상품개발 측으로부터도 나옵니다.

저출산고령화로 국내 시장이 점점 축소되어 간다는 이야기를 자주 접하게 됩니다. 사회구조가 크게 바뀌어 갈 때가 사실은 큰 기회의 시기이기도 합니다. 종래의 시장과는 다른 새로운 구매층이 계속해서 생겨나기 때문입니다.

아까부터 계속되는 이야기지만, '모든 사람을 위한 상품'이 아닌 '특정한 누군가를 위한 상품'인지를, 그리고 이미 존재하는 상품도 '지금껏 팔아 왔기 때문'이라고 타성에 젖은 채 진열해 두는 것은 아닌지를, 완전히 새로운 관점으로 다시 볼 필요가 있습니다.

돈이 되는 상품개발

기존 카테고리 상품의
접근법을 바꾼다

———

'상품이 팔리지 않는 시대'라고 하지만, 그것은 '지금까지의 상품'이 팔리지 않게 되었다는 것이고, '앞으로의 상품'이 팔리지 않는다는 것은 아닙니다.

또한 상품개발이란 흔히 '지금까지 없었던 상품을 생각해 내야 한다'는 발상으로 기울어지기 쉽지만, 이미 존재하는 카테고리 상품이라도 새로운 고객을 향해 새로운 접근법으로 독자적인 가치를 제공할 수 있다면 '히트상품화'하는 것은 가능합니다.

예를 들면, 군고구마는 옛날부터 있었지만, 젊은 세대에게 인기가 있는 음식은 아니었습니다. 하지만 지금은 고구마 품종이 개발되어 맛있는 고구마를 생산할 수 있게 되었습니다. 고구마는 젊은 세대에게도 인기 있는 음식이 된 것입니다.

예전에 '군고~구마' 하고 스피커에서 흘러나오는 목소리에 이끌려 모여들었던 아이들도, 지금은 슈퍼마켓 같은 점포에서 군고구마를 진열대에서 꺼내어 먹게 되었습니다. 이런 예는 일부에 불과합니다. 기존 카테고리 상품이라도 판매방법이나 용기, 발상을 바꾸어 다시 시대의 유행을 타는 일도 있습니다. 내용물이 맛없어도 용기만 예쁘게 하면 잘 팔린다는 얘기가 아닙니다. 하지만 내용물만 좋으면 용기는 관계없다는 것도 틀린 것입니다.

예전의 편의점 도시락은 밥이나 반찬을 넣은 다음 마지막에 뚜껑을 꾹 하고 누르는 식으로 출하하였습니다. 그 결과 내용물은 확실히 흐트러짐 없이 들어 있을지 몰라도 반찬이나 밥이 눌려 딱딱해져 버렸습니다.

하지만 지금의 고객들은 멋진 반찬가게나 백화점의 귀여운 도시락에 익숙합니다. 반찬의 장식도 화려하고 예쁘며 먹기에 편리한 용기에 아름답게 담겨 있는 것이 기준이 된 현재에는, 트럭으로 운반하는 공정이 필요한 편의점 도시락도 외관을 아름답게 할 필요가 있습니다. 내용물이 흐트러지는 것에 신경을 쓰는 것은 제조업체 사정으로 고객에게는 관계없는 일입니다. '편의점이니까' 혹은 '싸니까 이 정도면 괜찮겠지'가 아니라, 미적으로도 높은 퀄리티를 추구해 가야 합니다.

현재는 많은 편의점 도시락이 색채의 배치에 신경을 써 입체적으로 담는 '가정식 담기'를 기준으로 하고 있습니다.

선물을 받았을 때, 처음 눈에 띄는 것은 그 포장의 아름다움입니다.

내용물이 아무리 훌륭하더라도 외관이 조잡하면 보낸 사람의 마음은 전달되기 어렵지 않을까요? 특히 먹는 것은 혀로 맛보고 동시에 눈으로도 맛보는 것. 일본 요리의 섬세한 장식 감각이나 서양 요리의 아름다운 플레이팅 등 자신이 방문했던 레스토랑이나 일식집에서도 배울 것은 많이 있지 않을까요?

유사 상품은 늘려도
효과는 없다

———

상품의 품질이나 가격을 'ABC'의 3등급으로 나누면 많은 사람들은 중간의 'B'를 선택한다고 합니다. 행동경제학에서 '골디락스 효과'라고 부르는 소비자심리입니다.

인간은 극단적인 선택을 피하고 무난한 선택을 하려는 심층심리가 작동하기 때문에, 사이즈에 S, M, L이 있으면 M 사이즈를 선택하고, ABC 등급의 초밥이 있으면 값싼 C나 비싼 A가 아닌 중간의 B등급을 선택하기 쉬운 것입니다. 그 심리를 이용해 점포 측에서는 가장 팔고 싶은 상품의 앞뒤에 더 싼 가격과 반대로 더 비싼 가격의 상품을 배치해 소비자가 무의식적으로 중간의 상품을 선택하도록 유도하는 경우도 있습니다.

그 발상과 언뜻 보아 비슷해 보이는 것이지만, 제가 생각한 것으로

'유사상품을 늘려도 효과는 없다'는 것이 있습니다.

예를 들면 도시락가게에 400엔 전후의 도시락이 있다고 합시다. 이것이 3종류밖에 없는 것보다는 6종류 정도는 있는 편이 좋겠지요. 그러나 똑같은 등급의 도시락이 20개나 30개 놓여 있다면 어떨까요? 그것이 정말 고객이 원하는 것일까요?

매일 다른 도시락으로 30일간 계속 구매할 수 있을지도 모릅니다. 그러나 그런 나날은 왠지 그다지 변화가 있는 것 같지 않습니다. 특히 일을 하는 사람들은 외식으로 맛있는 식사에도 익숙해 있습니다. 저녁식사 자리나 회식에서 맛있는 것을 잔뜩 먹는데, 도시락가게나 편의점에서 사 먹는 점심만 맛과 품질이 언제나 엇비슷한 것으로 괜찮을까요?

혹은 평일은 가능한 한 식비를 절약하는 사람도 금요일이나 업무가 끝났을 때 자신에게 포상으로 평소와는 다른 식사를 하고 싶어지는 것. 이것이 소비자로서 우리의 리얼한 감각이 아닐까요?

그 점포의 단골로 오는 고객에게는, 안정된 저가상품이라는 수요는 있을 겁니다. 항상 '싸고 맛있는' 도시락을 원하는 고객은 있을 것이고, 이것을 줄일 필요는 없을 겁니다.

하지만 '매일 똑같은 도시락을 먹는 것보다, 가끔은 조금 좋은 것을 먹고 싶다'는 사람들에게 한 등급 위의 상품을 제안하는 것은 단골고객들에게도 신선하게 느껴질 것입니다.

가운데 등급의 'B'를 선택받기 위한 미끼로써의 'A'나 'C'가 아닌, 'ABC' 모두가 선택받기 위해 선택지에 깊이를 만드는 것. 이것이 진정한 전략일 것입니다.

편의점도 마찬가지입니다. 특히 공간이 좁고 진열할 수 있는 상품 수의 한계가 있는 편의점에서는 'B'가 선택받기 위한 미끼로서 'C'나 'A'를 진열할 여지가 없습니다. 어디까지나 이 모든 것을 선택받는 것을 전제로 잘 팔리는 상품으로써 'ABC'를 준비해야 합니다.

그 결과 저는 푸드 상품을 3단계로 전개하기로 했습니다. 가격, 소재, 품질이 다른 3층의 상품군, 저는 그것을 한 채의 집으로 보고 있습니다.

단층이 아니라,
3층으로 상품을 만든다

———

　예전 편의점에서는, 거의 일률적으로 저가상품이 진열되어 있었습니다.

　'편의점 도시락이라면 500엔짜리 동전 하나로 살 수 있어야 한다'는 발상이 지금까지도 회사 내에 떠도는 것은 그때의 흔적일 것입니다.

　똑같은 가격대와 품질의 상품을 진열하는 것을 '단층' 건물을 계속해서 지어 나가는 발상에 비유하면, 다른 가격대와 품질의 상품으로 선택지의 깊이를 가지는 것은 '3층' 건물을 세우는 이미지일 것입니다.

　우선 1층은 이전처럼 가격을 중시하는 고객을 위해 안심할 수 있는 가격대의 상품을 제공합니다. 삼각김밥이라면 110엔 전후, 파스타라면 300엔대의 상품이 이에 해당합니다. 매실장아찌 삼각김밥이나 갓을 넣은 삼각김밥, 연어나 참치 삼각김밥 등은 매일이라도 먹고 싶은 스테디셀러입니다. 나폴리탄이나 미트소스, 페페론치노 등도 팬이 많아 일정한 수요가 있습니다.

다음으로 2층은 매일 지불할 수 있는 가격대이면서도 다채로운 라인업을 준비합니다. 140엔 전후의 매운 명란젓이나 네기토로[4] 삼각김밥에 더해 직화베이컨이나 오므라이스 삼각김밥이라는 유니크한 종류도 투입합니다. 파스타라면 400엔대 후반까지가 이 종류에 해당합니다. 봉골레나 수프스파게티 등 계절별로 식재를 바꾼 파스타도 이 가격대라면 제공 가능합니다.

그리고 3층은 '매일은 사 먹을 수 없지만 주 1회 자신에게 주는 포상으로 사 먹을 수 있는' 조금 비싼 푸드입니다. 예를 들면 1개 185엔짜리 삼각김밥은, 편의점 삼각김밥으로서는 대단히 비싸지만 재료는 고급 홍(紅)연어 뱃살 등을 사용하고 쌀도 우오누마산(産) 고시히카리[5]를 사용합니다.

파스타는 약 600엔짜리 시리즈도 새롭게 만듭니다. 편의점에서 이 가격대는 꽤 높은 이례적인 가격으로 회사 내에서도 '이렇게 비싸서야 누가 사지?'라는 반론이 꽤 나왔습니다.

하지만, 가격을 여기까지 끌어올림으로써 건면파스타가 아닌 생면파스타를 사용하거나 성게나 굴, 소고기사태 등 일반적인 상품에서는 사용하고 싶어도 사용할 수 없는 고급 소재를 사용할 수 있는 등 꽤 모험을 해 볼 수 있었습니다.

---

4) 초밥 재료의 일종. 비계가 많은 페이스트상태의 참치에 다진 파를 뿌린 음식을 말한다.
5) 니가타현에 위치한 우오누마는 벼농사로 유명한 지역으로, 특히 이 지역에서 나는 고시히카리 품종의 쌀은 일본 전국적으로 유명하다.

이 등급의 상품은 '맑은 날' 시리즈라는 이름으로 좋은 판매를 보였습니다.

고객은, 실은 날마다 다른 상품을 먹고 싶다고 생각하지는 않습니다. 스스로의 행동을 돌아보아도 알 수 있듯이, 의외로 마음에 드는 상품은 정해져 있어서, 가끔 안 먹던 것도 먹어 보고 싶다는 생각이 드는 정도입니다. 그렇다면 날마다 비슷한 것을 30종류씩 준비하는 것보다 어쩌다가 특별히 맛있게 먹을 수 있는 것을 준비하는 편이 소비자를 즐겁게 하는 결과로 이어질 것입니다.

월말에는
작은 사치를 하고 싶어진다

———

　다른 소매업에서도 마찬가지지만, 편의점에서도 월말에 매출이 오릅니다. 편의점 상품이라면 모두 단가가 싸기 때문에 그렇게 월급날 같은 영향은 없을 거라고 생각하지만, 실은 이 영향이 꽤 뚜렷이 나타납니다. 보통 때는 검소하게 생활하는 사람도 월급날에는 스스로에게 작은 사치 정도는 허락합니다.

　월급날이나 보너스가 나온 직후 혹은 연금지급일 등에 잘 팔리는 것 중 담배가 있습니다. 담배는 최근 가격급등에 흡연규제도 엄격해져 이전처럼 가볍게 피울 수 없게 되었습니다. 그만큼 월급날에 부랴부랴 사 가는 사람이 많습니다. 저도 담배를 많이 피우므로 이 심정은 잘 알고 있습니다.

　여기에 음원청취가 가능한 선불카드 등도 잘 팔립니다. 음악도 기호품의 일종으로 보통 때는 신곡을 듣고 싶어도 무제한으로 구매할 수는 없으므로, 참고 있었던 고객들이 월급날이나 보너스를 받은 날에 사 가는 겁니다.

편의점에서 팔리는 것을 보고 있으면 정말로 요즘 사람들이 어떤 생활을 하고 있는지 눈에 선합니다. 월급이나 보너스가 계속해서 오르지는 않기 때문에 늘 편안히 놀 수 있는 사람이 결코 많지 않은 요즘이기에, 더욱더 잠시의 휴식이나 즐거움, 감동이 행복하게 느껴지는 것이겠지요.

편의점은 일상의 상품을 제공하는 점포입니다. 그래서 더욱더 작은 즐거움이나 놀라움, 약간의 사치를 상품에 실어 고객에게 전해 드릴 수 있습니다.

'회사에서 돌아오는 길에 편의점에서 디저트를 사는 게 즐거움이야' '오늘밤 저녁 반주로 먹을 맥주와 안줏거리를 사 가야지'라고 생각하는 고객은 많습니다.

'여기 오면 한숨 돌리게 돼' 하는 그런 단골 카페나 술집이 있는 사람도 많습니다. 상품 그 자체의 품질이나 신선함도 중요하지만, '일상의 즐거움'이라는 순수한 그러나 모든 사람이 필요로 하는 마음의 양식을 제공할 수 있는 것이야말로 어쩌면 장사하는 사람으로서의 최고의 즐거움일지도 모릅니다.

상품개발과 판촉은
수레의 두 바퀴

———

　장사는 지속적인 매출이 중요합니다. 그중에서도 팔릴 것 같았던 것이 생각보다 팔리지 않는 사태는 가능한 한 피하고 싶은 상황입니다. 그런 실패사례를 한 가지 보겠습니다. 아까 이야기했던 고급 파스타 시리즈의 발매에 관한 이야기입니다.

　이 시리즈에서 최초로 발매한 것은 성게 크림 파스타였습니다. 성게는 원래 편의점 상품으로는 좀처럼 취급할 수 없는 고급 식재입니다. 그것을 풍부하게 사용해서 편의점 업계에서는 꽤 임팩트가 큰 상품으로 화제가 되었습니다.

　소재가 소재인 만큼 상품가격도 비쌌지만, 그 사실 자체를 어필함으로써 다른 일반 파스타 상품과의 차별화를 꾀하기 위해 용기도 고급스런 검은색이었습니다.

　　　　　　　　　　　　　　　　　　돈이 되는 상품개발

그만큼 노력을 기울인 상품이었음에도 불구하고, 판촉이 전혀 동반되지 않은 상태에서 어느 날 갑자기 점포에 진열되었습니다.

어느 날 아침 저는 평소와 같이 출근 전에 점포에 들러 그곳에 성게 크림 파스타가 진열되어 있는 것을 발견했습니다. 그때의 충격은 말로 다할 수 없습니다. CF도 없고 플래카드도 없고 포스터도 없고 특별한 POP도 없이 그냥 다른 파스타와 같이 진열되어 있었습니다. 유감스러울 수밖에 없는 실패사례입니다.

이 정도로 노력을 기울여 힘들게 상품을 만들었으니, 고객이 제대로 인지하게 해야 합니다. 그렇지 않으면 이 특별한 파스타가 나왔다는 사실 자체를 고객들은 모르게 됩니다. 좋은 상품은 제대로 좋은 상품으로써 어필할 것. 이것이 왜 좋은 상품인지, 다른 상품과 무엇이 다른지 이유를 제대로 설명해야 합니다.

개인이 경영하는 작은 점포에서는 '이것은 ○○산의 ○○을 사용한 제철의 맛있는 제품입니다'라고 만든 사람이 고객에게 직접 어필하는 것도 가능하지만, 우리 같은 큰 체인 비즈니스에서는 그것이 불가능합니다. 상품개발, 원료의 조달, 레시피 고안, 공장의 시행착오, 용기 제작까지 여러 사람들의 노력이 모여 완성된 상품은, 제대로 점포의 직원들에게 전달되어 고객들에게까지 전해져야만 합니다. '히트 상품화'에 있어서 상품개발과 판촉은 수레의 양 바퀴라는 것을 실감한 경험이었습니다.

외식산업
vs 간편식산업

———

슈퍼마켓이나 편의점, 식품산업 등에서 종종 사용하는 '간편식[6]'이라는 말이 있습니다. 처음 듣는 분도 계실 듯해서 조금 설명을 드리겠습니다.

"오늘은 외식할까?" 여러분도 이런 말을 자주 쓰실 것으로 생각합니다. 이처럼 레스토랑이나 식당 등에서 먹는 것이 외식(外食)이라면, 가정에서 재료부터 만들어서 먹는 전통적인 식사는 내식(內食)이라고 합니다.

한편, 반찬이나 도시락을 사 와서 집에서 먹는 것은 '간편식'이라고 하며, 백화점 지하식품관이나 편의점, 슈퍼마켓 등의 반찬이나 냉동

———

6) 일본에서는 보통 외식(外食)과 내식(內食)의 중간 형태라는 의미의 중식(中食)으로 표현하지만, 우리나라에서는 일반적으로 간편식이라고 부르고 있다.

식 카테고리가 여기에 해당합니다. 그리고 지금 이 '간편식' 카테고리가 크게 성장하고 있습니다.

일본반찬협회의 《2016년판 반찬백서》에 따르면, 2005년과 2014년의 외식/내식 시장규모를 비교하면, 이 10년 동안 내식의 규모는 97.3%로 줄어든 것이 확인됩니다. 즉 자택에서 조리해 먹는 가정이 서서히 감소하고 있는 것입니다.

그럼 집에서 안 먹고 외식을 하는 가정이 늘었는가 하면, 외식은 99.9% 정도로 거의 똑같은 상태입니다.

그러면 무엇이 늘었을까요? 주목해야 하는 것이 간편식 카테고리로 이 기간 동안 122.2%로 증가했습니다.

저는 '식사의 외부화'라고 부르고 있습니다. 즉 조리하는 수고를 외부에 의존하는 가정이 늘고 있다는 것입니다.

이 양상은 가전 전문점에서도 볼 수 있습니다. 실은 저는 가전 전문점을 들러 보는 것이 하나의 취미로 해외에 나가면 반드시 그 나라의 가전 전문점을 방문합니다. 그렇게 해 보면 태국이나 베트남 등 아시아 각국에서는 아직까지 소형 냉장고가 주류인 것을 알 수 있습니다. 아시아에서는 애초에 가정에서 그다지 조리를 하지 않는 나라도 많습니다. 여성도 밖에서 일하는 것이 일반적이고 포장마차 문화가 발달해 있어서 싸고 맛있고 따뜻한 음식을 편하게 먹을 수 있는 환경이 갖추어져 있는 것이 원인입니다. 가끔 시장에 가도 그날이나 다음 날 소비할 상품을 사는 일이 많아, 한꺼번에 대량으로 식재를 사 두거나 장기간 보존하는 습관은 없습니다.

한편 일본의 냉장고는 점점 대형화하고 있습니다. 예전에 4인 가족의 일반가정용 냉장고는 450리터면 충분했지만, 지금은 650리터 정도가 주류입니다.

저출산고령화 시대임에도 불구하고, 냉장고는 계속 커지고 있습니다. 냉장고에서도 더욱 커지고 있는 것은 냉동실입니다. 이것이 의미하는 것은 무엇일까요?

매일 먹을 만큼 채소나 고기, 생선 등을 사서 조리하는 가정이 줄어들고 있다는 것입니다. 일반적인 냉장 부분보다 비교적 장기간 보존이 가능한 칠드실이나 냉동식품 스페이스가 늘고 있는 것이 확실한 증거입니다.

가족의 모습도 변화하였습니다. 날마다 고기나 채소 등의 재료를 사서 매일 몇 가지의 가정 요리를 만드는 집은 얼마나 될까요? 예전의 여성은 결혼하면 전업주부로서 가정에 들어가 가사나 육아를 하고 맛있는 식사를 만들어 남편의 귀가를 기다리는 것이 이상이었을지도 모릅니다.

하지만 지금은 일하는 여성이 많아졌습니다. 정부는 '1억 국민 총활약사회' '여성의 사회 진출' 등을 외치고 있지만, 그 정도는 지금 이야기하기가 무색할 정도로 이미 여성들의 사회 진출은 활발해졌습니다. 가사도 여성이 하는 것이 아니라, 각각의 가정의 생각에 따라 역할을 분담하고 있습니다. 이러한 가운데 여성에게도 남성에게도 하루는 24시간으로 한정되어 있고, 근무시간, 통근시간, 식사시간, 수면시간, 육아 등의 시간을 생각하면, 하나부터 열까지 식사를 만들 시간이 없어지는 것도 당연합니다.

냉장고 CF를 보면, 집안의 아빠가 1주일치의 반찬을 주말에 조리해 칠드실에 보존하는 장면이 나옵니다. 아이와 엄마가 '잘했네' 하고 웃으며 아빠에게 말하는 모습을 보면, 지금의 시대를 느낄 수 있습니다.

서점을 방문하면 지금은 '미리 만들어 두는 요리'의 레시피 책이 잔뜩 쌓여 있습니다. 평일에는 바빠서 요리를 못 만드니 주말 여유시간에 식재를 미리 만들어 두는 가정이 늘고 있다는 현실이 여기에도 나타납니다.

또 총무성[7]이 발표한 《2016년 가계조사속보》에 따르면, 1세대의 가계 지출에서 차지하는 식비의 비율을 나타내는 '엥겔 지수'는 25.8%로 되어 있습니다. 이것은 29년 만의 최고 수준입니다.

게다가 이것은 2인 이상 가구를 조사대상으로 하고 있어, 1인 가구는 포함되어 있지 않습니다. 부부 또는 아이가 있는 가정에서 식비가 전체 지출 중 4분의 1 이상을 점하고 있다는 것은, 통상 경제적으로 어려운 가정이란 뜻이지만, 아마도 현대 일본에서는 맞벌이 세대가 증가한 결과로 나타난 식사의 외부화가 가속화되고 있다는 증거입니다. 그 결과, 간편식산업의 시장 쟁탈전이 시작되고 있습니다.

얼마 전 신문을 보니 생선가게도 이전처럼 살아 있는 생선을 파는 것이 아니라, 기름에 절이든가 간을 해서 가정에서 굽기만 하면 되는 상태로 파는 곳이 늘고 있다는 기사를 보았습니다. 생선 한 마리를

---

7) 일본의 중앙행정기관의 하나로 통계업무 등을 관장하고 있다.

사더라도 일부러 가정에서 배를 가르고 포를 뜨는 사람이 적어지는 이상, 생선가게도 생존을 위해 새로운 시장을 개척해야 할 것입니다.

한 마리의 생선을 통째로 사는 것보다는 절단된 생선을 사는 편이, 그리고 미리 간이 된 생선을 사는 편이, 가격은 비싸지만 소비자에게는 조리의 수고를 더는 만큼 적정 가격의 상품으로 받아들여지는 것이겠지요.

아이디어에 따라서 바쁜 현대의 가정식에 다가갈 수 있는 상품, 서비스는 많이 있습니다. 사회의 변화를 살피는 것만으로도 새로운 장사의 기회는 얼마든지 잠재해 있습니다.

돈이 되는 상품개발

도쿄 내 가구의 절반은
1인 가구

　사회의 변화기에는 장사의 기회가 숨어 있습니다. 그렇긴 해도 아무렇게나 시장에 진출해도 살아남을 수 있다는 얘기는 아닙니다.

　일본인의 식사 스타일이 변화한 원인은 여성의 사회 진출만은 아닙니다. 늦은 결혼, 비혼화(非婚化), 저출산, 고령화 등 여러 가지 원인이 겹쳐져, 지금의 일본에서는 1인 가구가 크게 증가하고 있습니다. 지금은 도쿄 내에 살고 있는 세대의 약 절반이 1인 가구입니다.

　가족이 복수의 사람들로 구성되어 있다면, 고기나 채소 등 재료를 사서 조리하는 편이 비용대비 효과가 좋을 겁니다. 하지만 1인 가구의 경우는, 채소를 사도 다 먹지 못하고 남기는 일도 있습니다. 스스로 조리하는 것보다 편의점에서 한 끼를 사는 편이 빠르고 싼 경우가 많습니다.

일본 가정의 냉장고가 대형화하고 있지만, 아예 냉장고를 갖고 있지 않는 가정도 늘고 있습니다.

도쿄 내 1인 가구용 부동산 물건에서는 충분한 주방 공간을 갖추고 있지 않는 곳도 많습니다. 조그마한 도마 하나가 놓인 조리대와 가스레인지 1구로는 여러 가지 요리를 하는 것은 불가능합니다. 냉장고를 둘 공간이 없는 집도 있습니다.

그런 사람들에게 편의점을 '가정의 부엌'으로 이용해 주셨으면 하고 상품개발을 해 왔습니다.

실제로 '냉장고는 없어도 근처에 편의점이 있으니 어떻게든 된다'는 생활을 하는 사람이 많다고 들었습니다. 편의점에 가면 우유도 맥주도 빵도 도시락도 반찬도 뭐든지 살 수 있다고 말입니다.

그런 분들의 니즈가 있다는 것에 감사하는 반면, 이렇게 일상적으로 사용하실 수 있게 하기 위해서는 역시 맛과 품질을 지속적으로 향상해야만 합니다. '바쁘니까 어쩔 수 없이 편의점 도시락'이 아닌, '저기 편의점에서 사는 저녁이 맛있으니까'라고 느끼게 하지 않으면, 진정한 의미에서 성공했다고는 할 수 없기 때문입니다. 그렇지 않으면 새로운 경쟁상대가 등장했을 때, 우리는 버림받을 수도 있습니다.

어떤 수요가 생겨났을 때 거기에 뛰어드는 것은 쉽지만, 정말로 고객이 기뻐할 수 있는 퀄리티를 제공할 수 없으면 지속가능한 '히트상품화'라고 할 수 없습니다.

돈이 되는 상품개발

'일상'을 지향할까?
'비일상'을 지향할까?

———

당신이 작은 레스토랑을 만들려고 한다고 합시다. 그 점포는 데이트 장소가 될 수 있는 멋진 점포인가요? 아니면 아이를 데리고 와도 좋을 무난한 점포인가요? 아니면 음식에 일가견이 있는 미식가들이 모일 만한 점포인가요?

새로운 점포, 새로운 장사에 콘셉트는 중요합니다. 막연히 점포만 오픈하면 고객은 오지 않습니다.

예를 들면, 편의점이 지향하는 음식이란 무엇일까요? 아까 간편식 얘기를 했지만, 편의점이 간편식산업에 나서려 해도 '간편식'이라는 막연한 설정으로는, 잘 팔리는 상품을 만들 수 없습니다. 어떠한 '간편식'인지 그 콘셉트가 정해져 있지 않으면 만들려는 상품군에 초점이 맞지 않게 됩니다. 다시 말씀드리지만 누구를 위한 상품인지가 중요합니다.

키워드는 '비일상(非日常)'과 '일상(日常)'입니다.

레스토랑에 가면, 가정과는 다른 분위기로 보통 집에서는 만들 수 없는 다른 요리를 맛볼 수 있습니다. 그것은 비일상적인 시간으로 친구와 즐겁게 와인을 마시거나 대화를 하는 정말로 즐겁게 지낼 수 있는 장소입니다.

하지만, 가끔 먹어서 '맛있다!'고 느끼는 식사는, 매일 먹으면 질려 버립니다. 간이 너무 세고 기름기가 많거나 가격 면에서도 매일 먹기는 어렵습니다.

그런 '비일상'과 달리, 편의점이 지향하는 것은 '일상'입니다. 몰일상(沒日常)이라고 해도 좋을 겁니다. 일상생활에서 특별히 의식하지 않고 먹고 있는 나날의 맛, 예를 들면 생선구이나 햄버그, 찌개나 조림 등 일상적인 가정의 식사입니다.

저는 편의점이 '가정의 부엌'이 되기를 원한다고 했지만, 그것은 사흘을 계속 먹어도 질리지 않는 극히 보통의 가정식을 지향하고 있다는 뜻입니다. 사흘 동안 계속 먹어도 질리지 않고 가격대도 일반적인 가정에서 매일 지불해도 부담스럽지 않은 범위에서 식사를 제공하는 것이 저의 현재의 목표이며 꿈입니다.

자, 당신이 지향하는 점포는 어떤 점포입니까?

돈이 되는 상품개발

인체의 52주를
생각한다

———

　일본은 사계절이 뚜렷한 나라입니다. 봄의 벚꽃, 여름의 푸르름, 가을의 단풍, 겨울의 눈처럼 사계절 각각의 색채나 연중행사가 넘치는 나라입니다. 그 가운데서도 봄은 한편에서는 벚꽃 잎이 눈처럼 날리는 가운데 입학식이나 입사식이 행해지는 화려한 계절이라는 인상이 있지요.

　하지만 다른 한편에서는 봄은 통계적으로 자살자가 많은 계절이기도 합니다. 새로운 만남이 있기도 하지만, 졸업 같은 이별의 계절이기도 하고 입사나 입학 같은 환경의 변화에 방황하는 사람이 많을지도 모릅니다. 아직 일조시간이 짧고, 계절변화에 육체적으로나 정신적인 면에서 흐트러지기 쉬운 사람들이 많은 것도 관계가 있을 겁니다.

　컨디션이나 기분은 날씨에 따라 크게 좌우됩니다. 계절, 기후, 기온이 인체에 미치는 영향은 무시할 수 없습니다. 그러한 일을 생각하다 보니 최근 저는 이런 것도 생각하게 되었습니다.

머천다이징(상품화계획)[8]을 할 때, 종종 1년을 주간으로 나누어 52주를 단위로 생각합니다. 1주간은 7일이므로 365일을 나누면 약 52주가 됩니다. 편의점의 경우, 이 52주별로 계획해 신상품을 투입하지만, 조금 더 깊게 생각해 보면 단순한 구분으로서 52주가 아니라, 좀 더 인체의 52주에 근거한 머천다이징(상품화계획)이 있어도 좋을 것 같습니다.

1년은 춘하추동의 사계절로 나뉘지만, 그중에서도 더 세분화해서 시기를 나눌 수 있습니다. '여름'이라고 해도 덥고 비가 많은 장마철과 더위에 지치기 쉬운 8월과 아침저녁에 시원함도 느껴지는 9월을 과연 같은 '여름'이라고 부를 수 있을까요? 초여름, 한여름, 늦여름 등 하나의 여름을 나타내는 말도 다양합니다. 그런 섬세한 감각을 좀 더 제대로 의식하면서 상품개발을 해야 합니다.

계절에 따라 인체가 필요로 하는 영양소는 다릅니다. 한여름에는 고온다습한 바깥과 사무실의 냉방 사이에서 체온조절이 어려워 컨디션이 안 좋아지는 사람도 많습니다. 더위에 몸이 상하지 않게 주의해야 합니다. 한여름에 사람들이 기분 좋게 먹을 수 있는 식사는 어떤 것일까요?

한여름용 상품개발회의에서, 시원하게 만든 차가운 푸드를 많이

---

8) 머천다이징(Merchandizing): 상품 또는 서비스를 알맞은 시기와 장소에서 적정 가격으로 유통시키기 위한 일련의 시책을 말하며, 상품화계획이라고도 한다.

개발해서 쭉 진열하여 제공하면 어떨까 하는 제안을 한 직원이 있었습니다. '한여름 = 차가운 것을 원할 것이다'라는 발상입니다. 하지만 저는 '꼭 그런 건 아니지 않나?' 하고 느꼈습니다.

바깥에서 활동하는 사람은 차가운 것을 필요로 할 수도 있습니다. 하지만 실내에서 지내는 사람은 반드시 차가운 것이 종일 필요한 것은 아닙니다. 냉방이 꽤 강한 지하철 안이나 사무실에서 차가운 것을 원하는 사람은 얼마나 될까요? 게다가 여성들 중에는 여름이라도 냉증으로 고민하는 사람도 많아 그녀들은 추운 사무실에서 오히려 따뜻한 수프 같은 것을 원하고 있을 것입니다.

즉 차가운 냉국 같은 것이 잘 팔리는 것은 한여름이 아니라, 바깥도 실내도 따뜻해지는 5월이나 6월입니다.

단순히 봄, 여름, 가을, 겨울로 상품개발을 생각해서는 안 됩니다. 더 자세히 날씨나 기온을 생각하고 인체가 가장 원하는 것은 무엇인가를 구체적으로 생각하는 것이 중요합니다.

동양의학에서는 '미병(未病)'이라는 사상도 있습니다. 본격적으로 병에 걸리기 전에 음식으로 몸의 밸런스를 되찾는다는 '의식동원(醫食同源)'이 중요하다는 사상입니다.

정말로 몸에 좋은 것은 무엇일까요? 사람들의 몸이 원하는 것은 무엇일까요? 인체의 52주를 생각하는 습관을 들여야 합니다. 현상과 미래는 다릅니다. '지금이 이러니 앞으로도 이럴 거야'가 아니라, 나아가야 할 장래의 비전을 가지는 것이 중요합니다.

계절에 따라
변화하는 입맛

———

다시 한번 계절상품에 대해 이야기해 봅시다. 편의점의 여름철 스테디셀러 상품으로 냉(冷)라멘이 있습니다. 저는 매년 일기예보를 주시하면서 냉라멘의 CF를 언제 내보낼지 생각합니다.

냉라멘 CF가 TV에서 흘러나오면 많은 사람들이 '여름이 왔구나'라고 느낄 정도로 편의점의 냉라멘은 여름의 상징이 되었습니다.

그런데 이 냉라멘, 사실은 2월부터 이미 점포에 진열되어 있다는 것을 알고 계십니까? 따뜻한 실내에서 주르룩 하고 냉라멘을 먹고 싶다는 일정한 니즈가 있기 때문입니다.

하지만, CF나 플래카드 등으로 대대적으로 선전하고 나서야 비로소 사람들에게 '편의점에 냉라멘이 나왔다 = 여름이 왔다'라고 어필할 수가 있습니다. 이 타이밍이 또 어렵습니다. 아직 추운 시기에 냉

돈이 되는 상품개발

라멘 CF를 내보내도 구매로는 그다지 이어지지 않고, 그렇다고 충분히 더워지고 나서 내보내면 한 템포 늦습니다. 딱 기온이 20도가 될 때, 짠 하고 CF를 내보내는 것이 정답입니다.

냉라멘은 거의 연중 판매하고 있습니다. 하지만 아직 바깥 온도가 낮은 2월과 지글지글 태양이 작열하는 8월에 같은 '냉라멘'을 사람들이 원하고 있다고는 할 수 없습니다. 계절이나 기온에 따라 인체가 원하는 염분치는 다릅니다. 그렇다면 편의점에서 제공하는 냉라멘의 염분이나 식초의 배합도 그때그때 바꾸어 가는 것이 맞겠지요. 저라면 초봄에는 약간의 신맛을, 한여름에는 담백한 타입을 먹고 싶다고, 생각할 것이기 때문입니다.

현재 저희 편의점은 냉라멘의 국물 맛을 판매 초반과 후반에 다르게 하고 있습니다. 눈치챈 분들이 어느 정도 계실지 모르겠지만, 확실히 그 계절에 맞는 맛일 것입니다.

일식집에 가면 반드시 제철 식재를 사용한 전채 요리가 나오고, 이것이 이제부터 나올 식사에 대한 기대감을 높여 갑니다. 계절에 따라 식재를 바꾸는 것은 당연한 것이고, 거의 모든 시즌을 통해 존재하는 상품에 대해서도 제대로 계절감을 내는 것이 일본인의 미각에 맞는 자세겠지요.

저는 편의점이라는 것이 세상에 떠도는 상품을 '얻어걸리는 곳' 정도가 되어서는 안 된다고 생각합니다.

일본 전체에서 팔리고 있는 상품을 선택하여 판매하는 한편, 스스로의 머리로 생각해 개발한 제대로 된 상품을, 고객에게 전달하는 곳이기도 해야 할 것입니다.

일본인의 소울푸드,
라멘을 제압한다

———

봄여름의 인기상품이 냉라멘이라면, 가을겨울에 잘 팔리는 상품은 라멘입니다. 일본인은 라멘을 아주 좋아합니다. 어디든 라멘집이 없는 곳은 거의 없을 겁니다. 또 간장 맛, 된장 맛, 소금 맛, 돼지 뼈 육수 맛 등 국물의 종류부터 면의 딱딱함이나 굵기까지 각자의 취향이 확실한 요리라고 할 수 있겠지요.

각 편의점도 어떻게 하면 좀 더 맛있는 라멘을 제공할 수 있을지 매일매일 노력을 거듭하고 있습니다. 저도 수프, 돼지고기 고명, 면 등 모든 각도에서 대대적으로 리뉴얼하기 위해 연구했습니다.

'어떤 라멘을 만들까'를 협의할 때 자주 나왔던 의견은 아래와 같습니다.

"역시 편의점 라멘은 가격이 동전 하나(500엔) 이상이면 안 팔립니다."

"된장라멘은 역시 삿포로 라멘이지요."

"돼지 뼈 육수라멘은 후쿠오카입니다."

"기타가타 라멘을 추천합니다."

이렇게 실로 여러 가지 의견이 난립하였습니다. 일본에는 여러 개의 유명 라멘 브랜드가 있고, 각각의 팬들은 모두 일가견이 있습니다. 그 어느 것을 채택할지를 두고 사원들은 기탄없이 논의를 거듭했습니다.

하지만 저는 그런 브랜드 같은 것은 전혀 관계없다고 생각합니다. 삿포로든 후쿠오카든 기타가타든[9] 관계없이 '여기 라멘은 맛있네!'라고 평가받을 수 있는 라멘을 만들면 됩니다. 오히려 '○○은 이 지역의 브랜드가 최고'라는 융통성 없는 태도는 자유로운 발상이나 자유로운 상품개발의 가능성을 없애 버립니다.

예를 들면 겐친[10] 장국이라도, 간장 맛이나 소금 맛 등이 있습니다. 논의를 하면 반드시 '간장 맛이 좋아' '아니야, 절대 소금 맛이야'라고 의견이 나뉩니다.

하지만, 어느 쪽이 진짜 맛있는가가 문제가 아닙니다. 소금파도 간장파도 모두가 '맛있다'고 느끼는 겐친 장국을 만들면 되기 때문입니다.

---

9) 삿포로, 후쿠오카(하카타), 기타가타: 라멘으로 유명한 일본의 지역명.

10) 두부, 우엉, 표고 등을 기름에 볶아 조미한 음식. 또 그것을 두부껍질에 말아 기름에 튀긴 식품.

'~가 아니더라도'라는
발상을 버린다

———

A인가 B인가 C인가 하는 좁은 틀에서 마케팅을 고려하면, 결국 약간의 리뉴얼밖에 할 수 없어집니다.

기존에 존재하는 선택지에서 일단 벗어나 '어쨌든 맛있는 것을 만들자'라는 심플한 발상에서 상품을 만들어야 한다고 생각합니다.

편의점 상품 중에는 그 지역의 입맛에 맞춘 지역대응상품이 다수 존재하고 있습니다. 어묵이나 메밀국수, 우동의 국물이 한 예입니다. 저희 편의점에서도 어묵의 국물을 지역별로 7종류로 나누어 제공하고 있습니다.

간토[11]는 기본적인 가다랑어와 다시마 육수를 준비합니다. 홋카이

———

11) 도쿄를 중심으로 한 일본 중부 지방.

도[12]를 포함한 도호쿠[13] 지역은 그 기본 육수를 베이스로 조개나 멸치 육수를 더하며, 츄부[14]는 소 힘줄의 단맛을 더합니다.

또 츄고쿠, 시코쿠[15]는 멸치 육수에 닭고기 육수를 더하며, 규슈[16]는 날치 육수, 닭고기 육수, 표고버섯 우린 물 등, 그 지역의 사람들에게 익숙한 국물로 승부를 걸고 있습니다.

메밀국수는 3종류의 국물로 대응하고 있습니다. 이들 국물의 맛은, 이제는 그 지역에 살고 있는 사람들의 피와 살이 되어 그들 몸의 일부가 되어 있습니다. 한 모금 마시면 후유 하고 한숨이 나옵니다. '그리운 맛이네'라고 느껴지는 그 안심감이 소중합니다. 간사이[17] 사람에게 억지로 간토 지역의 국물을 내밀며 '이게 맛있는 거야'라고 하는 것은 아니라고 생각됩니다.

하지만 다른 한편으로는, 모든 상품에 대해 '지역성'을 전면에 내세워 상품개발을 하면 좋을 것 같기도 하지만, 그것도 아니라고 봅니다. '지역성을 중요시한다'라는 것은, 듣기는 좋지만 전국구로 승부를 걸 자신이 없는 것과도 관련이 있습니다.

지역성을 넘어서 맛있는 것은 역시 맛있는 것이며, 일본인의 보편적인 맛을 추구한 한판승부를 해야 할 때도 있겠지요.

그러한 생각에 라멘에 대해서는 지역성을 일부러 가지지 않고, 전

---

12) 일본 북쪽 끝에 있는 섬.
13) 일본 혼슈 북동부 지방.
14) 일본 혼슈의 중앙부 지방.
15) 일본 중부의 山陽 및 山陰 지방, 일본 혼슈 동남쪽에 있는 섬.
16) 일본 열도의 4개섬 중 가장 남쪽에 있는 섬.
17) 오사카와 교토를 중심으로 한 일본 서쪽 지방.

국 승부를 걸었습니다. 간장라멘, 된장라멘, 돼지 뼈 육수라멘의 3대 라멘에 더해 '옛날 간장라멘' '짬뽕' 등 그때그때 테마를 가진 상품을 개발하지만, 기본적으로는 전국전개로 모든 분들이 맛보실 수 있도록 하고 있습니다.

좀 더 구체적으로 이야기하자면, 편의점이나 슈퍼마켓 등에 진열되어 있는 냉장라멘에는 몇 가지 과제가 있습니다. 지금까지 아무리 잘 만들어도 전문점과 비슷한 맛이나 식감을 실현할 수 없었던 것은 조리부터 실제 먹을 때까지의 시차가 크다는 문제가 있었기 때문입니다.

라멘 전문점에서 먹을 경우, 방금 삶은 면을 바로 국물에 넣어 고객에게 제공할 수 있습니다. 하지만 냉장라멘의 경우는 면을 삶고 나서 먹을 때까지 시간이 걸리는 것이 문제입니다. 이것은 라멘을 비롯한 면류에 있어서는 치명적인 약점입니다.

아무리 맛있는 면을 개발하고 완벽한 국물을 만들어도 시간이 지난 면은 뭔가 부족한 식감이 되어 버립니다. 이것이 오랜 고민의 포인트였습니다.

현재는 고객이 점포에서 구매한 라멘을 전자레인지로 데운 그 순간에 가장 맛있는 면, 가장 맛있는 국물, 가장 맛있는 돼지고기 고명을 맛볼 수 있도록 모든 공정을 역산해서 만들고 있습니다.

간장라멘이나 된장라멘은, 먹었을 때 쫄깃한 식감을 즐길 수 있도록 3층 구조로 만들었으며, 돼지 뼈 육수라멘은 먹는 그 순간 딱 알맞은 '딱딱함'을 가질 수 있도록 연구를 집중했습니다.

국물도 문제였습니다. 냉장라멘의 경우는, 국물을 젤라틴으로 굳혀야 하기 때문에 순수한 국물의 맛이 젤라틴의 잡미로 손상되지 않도록 젤라틴의 미묘한 맛까지 잡아야 했습니다.

여러 번의 시행착오의 결과, 현시점에서 만족할 수 있는 라멘이 완성되었습니다. 덕분에 하루 최대 10만 개를 넘는 대히트상품이 되어 리뉴얼 전에 비해 라멘 매출은 평균 3.5배 가까이 신장했습니다.

아직도 개선의 여지는 있습니다. 히트상품이 생겼다고 하여 목표를 이룬 것이 아니라 오히려 그것이 시작점입니다. 어떤 상품이 히트한다는 것은, 고객의 기준치도 높아진다는 것입니다. 상품개발을 하면 할수록 고객의 수준, 기대치도 높아집니다. 이것이야말로 상품개발을 하는 사람들의 어려움이자 또한 묘미라고 말할 수 있을 것입니다.

매뉴얼은
때로는 사고력을 빼앗는다

———

저는 예전에 라멘에 관해서 깜짝 놀랄 만한 경험을 한 적이 있습니다.

어떤 점포에서 라멘을 한 개 샀는데, 얼핏 보니 제가 들고 있는 라멘은 돼지고기 고명이 2장이었습니다. 그런데 그 옆에 진열된 같은 상품은 돼지고기 고명이 3장이나 있었습니다.

'이거 뭐야!' 하고 화를 내면서 상품담당자에게 물어보았습니다. 그랬더니 더욱 놀라운 대답이 돌아왔습니다.

"괜찮습니다. 제대로 레시피 매뉴얼대로 중량이 되도록 정확히 무게를 재고 있습니다."라고.

완전히 엉뚱한 대답에, 말문이 막혀 말을 할 수가 없었습니다. 매뉴얼도 이렇게 되면 폐해라고 할 수밖에 없습니다.

생각해 보십시오. 자신이 어떤 편의점에서 라멘을 손에 든 순간, 이

전에 먹었을 때는 돼지고기 고명이 2장이었는데 이번 라멘에는 3장이나 들어 있습니다. 매장에 저울이 있을까요?

아니면 그 고객은 '그렇구나. 이 라멘의 돼지고기 고명은 2장과 3장의 차이는 있지만, 무게를 재 보면 똑같은 중량이구나'라고 생각하실까요?

제가 고객이라면 그렇게 생각하지 않을 것입니다. '제멋대로네. 돼지고기 고명의 개수가 다르잖아!'라고 생각하겠지요.

그리고 이전에 먹었던 라멘이 혹시 마음에 들었다 하더라도 이번 건으로 속은 듯한 기분이 들겠지요.

소비자의 시선에서 상품을 만든다. 그런 것은 누구나 당연한 일이라고 여길 것이지만, 생각하는 만큼 잘 실천이 되는 것은 아닙니다.

'할 수 있을까'가 아니라
'한다'고 정한다

———

편의점 관계자들은 식품제조공급업체의 사람들과 만날 기회가 자주 있습니다. 우리 편의점이 자사브랜드 상품을 만들 때는, 우리가 원하는 콘셉트나 아이디어를 내어 실제로 그것을 상품화해 주는 제조업체와 긴 시간에 걸쳐 함께 시행착오를 해 나가며 하나의 상품을 완성해 갑니다.

그러한 신상품개발의 공정에서, 공통된 인식을 가지기 위해 대화를 나누는 경우가 있습니다.

그것은 '할 수 있을까, 할 수 없을까를 생각하는 것이 아니라, 할지 안 할지를 정하자'는 것입니다.

공부도 일도 스포츠도 다른 모든 장르도 마찬가지지만 '내가 할 수 있을까'를 생각하는 것부터 시작하면 목표는 단숨에 멀어져 버립니다. 자신의 실력을 기준으로 해 버리니, 절대로 현재의 자신의 실력 이상은 해낼 수 없기 때문입니다. 새로운 것에 도전하고 싶다면 '한다면 한다'라는 기개가 중요하지 않을까요?

이 이야기를 하고 있으니, 이전 아시아 어떤 나라 편의점체인 사장과의 대화가 떠오릅니다.

그 나라에서는 그 시기에 활발히 편의점이 생기고 있었습니다. 하지만, 어느 곳도 일본 편의점의 수준에는 멀찌감치 뒤처져 있어 도토리 키 재기 같은 상태로, 거기에서 두각을 나타내기 위한 업무개혁의 조언을 청해 왔습니다.

편의점을 타사 체인과 차별화하기 위해서는 무엇보다 먼저 푸드를 충실히 해야 한다는 것이 저의 지론입니다. 다른 곳보다 맛있는 도시락이나 샌드위치 같은 것이 있으면, 그것으로 고객을 끌어들일 수 있기 때문입니다.

이 대화 중에 저는 샌드위치용의 식빵을 자르는 고성능 절단기 이야기를 했습니다. 당시 우리 회사에서도 도입을 정한 것으로, 아무리 부드러운 빵이라도 절단면을 깨끗이 잘 자를 수 있는 새로운 절단기였습니다.

그런데 그 사장은 저의 이야기를 가로막으며 이렇게 이야기했습니다.

'우리에게 그 절단기는 필요 없습니다. 지금 있는 공장의 절단기에 맞춘 딱딱한 빵을 만들게 했으니까'라고.

깜짝 놀랐습니다. 발상의 전환에 묘하게 감탄할 정도였습니다. 무엇을 우선해야 할지는 말할 것도 없습니다. 절단기를 위해 빵이 있는 것이 아니라, 빵을 위해 절단기가 있는 것입니다. 빵의 딱딱함에 고객이 입맛을 맞추는 것이 아니라, 고객의 입맛에 빵을 맞춰야 하는 것입니다.

'맛있는 것을 만들고 싶다'는 생각만으로는 맛있는 것을 만들 수 없습니다. 레시피의 개발은 물론, 공장도 최신병기라고 할 만한 고성능 기계를 도입하지 않으면 맛있는 것은 만들 수 없습니다. 물론 이를 위한 설비투자는 무시할 수 없을지 모르지만, 이 사장의 예처럼 '우리 공장의 레벨에서 만들 수 있는 범위 내에서'라는 발상으로는 진정한 의미에서 개혁 같은 것을 할 수 있을 리가 없습니다.

이렇게 말하는 저도, 그 당시에는 샌드위치 매출동향에 고민하고 있었습니다. 약간의 개량으로는 고객에게 상품이 크게 바뀌었다는 것을 어필할 수 없습니다.

여기에서 빵 자체를 다시 검토하게 되었습니다. '지금보다 더 부드럽고 맛있는 빵을 만들어 주세요'라고 강하게 부탁했던 빵 제조사로부터 '벼랑에서 뛰어내리는 심정으로 만들었습니다'라고 할 정도로 과감한 제안을 받았습니다. 제조방법을 원점에서 재검토하여 밀가루의 배합이나 제조법을 바꾸고 홋카이도산 버터나 고품질의 벌꿀을 사용해, 어쨌든 완전히 새로운 빵을 만들게 된 것입니다. 그 덕에 새하얗고 푹신푹신하고 부드러운 최고의 식빵이 완성되었습니다.

결과적으로 샌드위치 카테고리는 리뉴얼 전에 비해 매출이 크게 상승했습니다. 빵을 새롭게 만듦으로써 앞서 말한 고성능 절단기를 새롭게 갖출 필요는 생겼지만, 거기에 부합하는 충분한 결과를 낼 수 있었습니다.

다시 말해 팔리지 않는 상품을 정말로 잘 팔리게 하고 싶다면, 설비 개선을 포함한 대담한 쇄신이 필요합니다. 당연히 막대한 돈도 듭니다. 하지만 아무런 어려움 없이 그냥 잘 팔리게 하고 싶다는 것은 애초에 말이 안 되는 이야기입니다.

모든 상품에 한꺼번에 큰돈을 퍼부어 개량해 나갈 만큼 자금에 여력이 없는 경우는, 우선 중대 대책이 필요한 것이 어느 카테고리인지를 확실히 해야 합니다. 저의 경우는 우선 푸드, 그것도 편의점의 간판상품이라 할 수 있는 삼각김밥부터 개혁해 나갔습니다. 거기서부터 차례로 주변의 도시락이나 샌드위치까지 폭을 넓혀 갔습니다.

리뉴얼에는 몇 단계를 설정하였습니다. 단계를 설정하는 것의 장점은 두 가지가 있습니다.

첫 번째는 실현가능한 단계에 집중하여 노력할 수 있는 것. 또 하나는 그 단계에서 좋은 결과를 내면 그것이 성공체험이 되어 직원들의 동기유발로 이어진다는 점입니다. 사람은 성공체험이 적으면, 아무래도 '할 수 있을까' '무리 아닐까'라는 소극적인 마인드가 되는 경향이 있기 때문입니다.

어떤 장사를 할 때는 윗사람들의 의욕만으로는 불충분합니다. 실제 업무를 하는 직원들의 작은 성공체험이 쌓이는 것이 중요하며, '하면 된다'는 마인드가 모두에게 공유되면 다음에 어려운 목표가 생겨도 직원 모두가 하나가 되어 나아갈 수 있습니다.

아직 본 적 없는 신상품,
발상전환의 신상품

———

새로운 상품을 개발할 때 고려해야 할 가능성은 두 가지 있습니다. 하나는, 지금까지 점포에서 취급한 적이 없는 완전히 새로운 상품입니다. 지금껏 여러 가지 상품이나 서비스가 편의점에 등장해 왔습니다. 편의점에는 멀티프린터나 은행ATM이 있습니다. 택배나 우체국의 일부 기능도 갖추고 있습니다. 이것들은 단순한 소매업으로서 존재하고 있었던 시절의 편의점의 모습에서는 생각할 수 없는 서비스였습니다. 고객이 '이런 상품이 편의점에 있으면 좋을 텐데'라고 생각하고 있던 상품이 있는가 하면, 아무도 생각하지 못했지만 등장한 순간 '이걸 기다렸어!'라고 무릎을 치게 하는 상품이 아직 있을 것입니다. 그것을 찾아야 합니다.

두 번째는, 예전에 해 보았지만 그다지 팔리지 않았던 상품입니다.

시기상조였거나 판매방법이 잘못되었거나 해서, 당시에는 팔리지 않았던 상품도 판매방법을 재검토하거나 사람들의 취향이 변화하여 다시 니즈가 생기는 경우도 있습니다.

이 두 가지 케이스를 만족시키는 것으로 편의점과 드러그스토어의 일체형 점포를 들 수 있습니다.

실은 '편의점에서 약을 팔면 좋겠다'는 요구는 꽤 이전부터 있었습니다. 갑자기 두통이나 복통이 생기거나 안약을 사고 싶을 때 등 근처 편의점에 있으면 편리할 것이라는 생각은 충분히 이해할 수 있습니다. 실제 2009년에 약사법이 개정되어 인터넷이나 편의점에서도 일부 약을 판매할 수 있게 되어, 우리도 시장에 참가하게 되었습니다.

하지만, 여기에는 꽤 어려운 문제가 있었습니다. 편의점에서 약을 판매하는 허가가 정부에서 나왔다고는 해도, 거기에는 조건이 있습니다. 편의점은 24시간 영업입니다. 24시간 점포를 열고 24시간 언제나 약을 팔 수 있도록 하려면, 24시간 내내 약사 또는 일반용 의약품을 판매할 수 있는 등록판매자를 상주시켜야 합니다. 하지만 전국에 있는 편의점 전 매장의 수만큼 약사나 등록판매자를 확보하는 것은 불가능하여 사업 확대로 이어지지 않았습니다.

일단 약의 판매를 포기했지만, 그 뒤 드러그스토어와의 일체형 점포라는 형태를 모색해 드디어 실현했습니다.

드러그스토어체인 중에도 편의점과 같은 상품을 갖추고 싶어 시행착오를 겪는 곳이 있었던 것입니다. 하지만 물류나 상품개발의 면에서 어려워 좌절하고 있던 곳에 이 이야기가 부상한 것입니다.

약을 팔고 싶던 편의점과 편의점 상품을 팔고 싶던 드러그스토어가 일체형 점포를 만듦으로써 양자의 매출은 훌쩍 오르게 되었습니다. 드러그스토어에는 가도 편의점은 거의 이용하지 않았던 중년 여성층과 편의점에는 와도 드러그스토어에는 가지 않았던 남성층 등이 점포가 일체화됨으로써, 서로의 상품을 시험 삼아 사용해 보게도 되었습니다. 그렇게 오픈한 일체형 점포 중에는, 주위의 편의점을 폐점으로 몰고 갈 정도의 '편의점 킬러'로서 화제가 된 점포가 있을 정도였습니다.

그 외에도 농협과의 일체형 점포 등 몇 가지 점포가 있습니다. 이것들은 앞서 서술한 두 가지 니즈를 함께 만족시키는 좋은 사례가 아닐까요? 지금까지 본 적도 없는 점포를 실현했지만, 그 내용을 놓고 보면 이미 알고 있는 상품군을 취급하고 있는 것입니다.

'히트상품화'에는 '잘 팔리는 상품'을 만들 필요가 있을 뿐 아니라, '잘 팔리는 판매방법' '잘 팔리는 용기' '잘 팔리는 서비스' 등 몇 가지의 요인이 얽혀 있습니다. 스스로의 머리로 우선 '잘 팔리지 않을까' 싶은 상품이나 서비스를 생각해 내고 정보를 취해 가설을 세우고 실시해 보는 겁니다.

실패해도 괜찮습니다. 그 실패는 반드시 다음 성공의 씨앗이 됩니다. 굴하지 않고 도전해 가는 것이 중요합니다.

돈이 되는 상품개발

책상에서 일어나
거리로 나가라

　푸드 상품개발에 관련된 분들은, 요즘 채소나 과일의 현 시세가 어느 정도인지 파악하고 계십니까? 예를 들면 시장이나 슈퍼마켓에서 지금 양배추 한 개가 얼마 정도에 팔리고 있는지 바로 대답할 수 있습니까?

　뭔가 어려운 계산식을 생각해 보라는 얘기가 아닙니다. 자주 슈퍼마켓에 가는 사람이라면 '지금은 양배추가 비싸' '올해 꽁치는 싸고 맛있어' 등 그 계절의 식재료 시세를 제대로 알고 있습니다. 잘난 척할 수 없는 것이, 저 자신도 오랫동안 그런 일은 가족에게 맡겨 두어 왔었습니다. 하지만 한 사람의 소비자로서의 감각을 갈고닦는 것은 역시 중요한 일입니다.

　우리가 매일 접하고 있는 고객들은 극히 보통의 사람들입니다. 채소 등 하나하나의 물건은 비싸지 않지만 티끌 모아 태산이라고 가계에 영향을 미치며, 우리는 그런 당연한 감각을 몸에 익힐 필요가 있습니다. 더구나 이러한 정보는 제조업체로부터는 얻을 수 없습니다. 자신의 발로 과일가게나 슈퍼마켓에 가서 양배추나 무, 양상추나 생선, 고기를 사야만 비로소 얻을 수 있는 감각입니다.

본래 정보란 스스로 얻기 어려운 것입니다. 그렇다고 하여 다른 사람이 가져다주는 정보나 인터넷에서 얻는 지식만을 믿어서는 밸런스를 잃습니다.

또 상품팀은 자기가 상담하여 '우리 점포에는 필요 없겠지' 하고 추천하지 않았던 상품이, 실제 다른 점포에서는 어떤 판매동향을 보이는지 생각해 본 적이 있습니까?

어쩌면 스스로가 '안 팔릴 거야'라고 판단해 추천하지 않았던 상품이, 다른 점포에서는 대히트하고 있는 상황을 모른 채 끝나버리는 일은 없을까요?

상품의 머천다이저(상품기획자)는 책상에만 달라붙어 있지 말고 거리로 나갈 필요가 있습니다. 타사 편의점체인이나 다른 업태 점포도 보고, 자신이 모르는 시장정보를 적극적으로 찾아야 합니다.

제조업체와 상담하는 것도 중요하지만, 기본적으로 제조업체는 자신들에게 유리한 정보만 가져온다고 봐도 좋습니다. '그들에게 불리한 정보'지만, '우리에게는 필요한 정보'가 있습니다. 그런 것들은 자신의 발로 뛰어 얻는 수밖에 없습니다.

경쟁사 점포에도 적극적으로 가서 지금 무엇이 진열되어 있는지,

고객이 어떤 상품을 손에 들고 계산대 앞에 서 있는지 체크하는 습관이 중요합니다. 또 한 달에 한 번은 전 직원이 우리 점포에서 취급하고 싶은 상품을 사 오는 날을 만들어도 좋지 않을까요?

슈퍼마켓과 편의점,
팔리는 맥주가 다르다

———

세상에는 압도적으로 잘 팔리는 맥주나 캔커피 같은 것이 있습니다. 국민적 상품이라고도 불리는 그 상품들은 슈퍼마켓 같은 데서 보고 있으면 역시 날개 돋친 듯이 팔립니다.

하지만 그렇게 일본에서 가장 많이 팔리는 상품이 편의점에서도 제일 잘 팔리는가 하면, 그렇지 않기도 합니다. 흥미로운 일이지요. 실은 편의점에서는 일본 시장점유율 1위의 맥주 같은 것을 압도해 버리는 별도의 상품이 있는 일도 흔합니다. 그러면 어떤 상품이 잘 팔리는가 하면, 그것은 수제맥주나 각 제조업체와 공동개발한 해당 편의점 오리지널의 프라이비트 브랜드(유통업체 자사브랜드)[18] 맥주입

---

18) 프라이비트 브랜드(Private Brand): 유통업자나 소매업자가 독자적으로 기획해서 발주한 오리지널 제품에 붙인 스토어 브랜드를 일컫는 말이다. 제조업자 혹은 생산자의 브랜드인 내셔널 브랜드(National Brand)에 대응되는 용어이다.

니다. 즉 일반적인 규모의 슈퍼마켓에서는 살 수 없는 상품이 잘 팔리는 것으로, 예를 들면 '산토리가 ○○만을 위해서 블렌딩한 맛' 같은 상품이 폭발적으로 팔리고 있습니다.

편의점은 신상품이나 보기 드문 상품의 시음, 시식의 장이기도 합니다. 사람들은 경제성 때문에 편의점에 오지는 않습니다. '싼 것을 사고 싶어서'라는 동기로 편의점을 방문하는 사람은 없습니다.

오히려 사람들이 편의점에서 원하는 것은 '뭔가 좀 색다른 상품이 있지 않을까' 기대합니다. 그래서 언제 가더라도 스테디셀러 상품만 있고 신상품은 아무것도 없는, 변화 없는 편의점이라는 것은 본래 있어서는 안 되는 것입니다.

그러기 때문에 제조업체로부터 신상품을 자꾸 받아야 합니다. 불경기가 계속되다 보면 제조업체로부터의 신상품 제안 수가 줄어드는 것이 일반적입니다.

제조업체 입장에서 보면, '편의점은 매장면적이 좁으니 진열할 상품도 한정되어 있다. 어차피 제안해도 진열해 주지 않을 거야'라는 생각으로 제안 수를 줄여 올지도 모릅니다.

하지만 그걸 방치하면, 결과적으로 슈퍼마켓에는 그 제조업체의 신상품이 진열되어 있으나 편의점에는 진열되어 있지 않다는, 있어서는 안 될 일이 일어나는 것입니다.

이러한 사태는 우리 쪽에서 먼저 움직이지 않고 저쪽에서 제안해 오기만 기다리기 때문에 발생합니다. 자신은 그냥 사무실 의자에 몸을 뒤로 젖히고 앉아, 제조업체가 뭔가 좋은 제안을 가져오기를 기다리고 있기만 합니다. 그런 태도가 계속되면 이런 사태가 벌어집니다.

제조업체와는 부지런히 연락을 취하고 의사소통을 하여 우리 쪽에서 어떤 상품을 팔고 싶은지 전달하여, 그쪽으로부터도 자꾸 신상품의 제안을 받아야 합니다.

과자나 맥주, 음료, 빵 등은 각각 '패밀리마트'나 '세븐일레븐'이라는 이름을 걸고 있어도, 실제로 상품을 만드는 것은 각 장르에서 활약하고 있는 제조업체들입니다. 자신들의 브랜드를 가지고 있는 그들에게, 일부러 기술이나 지혜를 빌려 우리가 생각해 낸 독자적인 브랜드 상품을 만들어 내기 때문에 이것은 정말로 보람 있고 매우 재미있는 일이라고 할 수 있습니다.

또, 제조업체 중에는 자사에서는 원가나 채산성을 엄밀히 검증하다 보니 좀처럼 새로운 도전을 할 수 없지만, 우리 쪽에서 '가지고 있는 기술력을 최대한 발휘해 주십시오. 어쨌든 좋은 상품을 팔고 싶습니다'라는 각오로 덤벼드니, 매우 보람 있다고 말해 주시는 곳도 있습니다.

여기서만 마실 수 있는 맥주, 여기서만 맛볼 수 있는 커피, 케이크, 요리, 빵, 도시락…. 그런 것에 고객은 매력을 느끼고 우리를 지원해 주시는 걸 겁니다.

시간 절약 샐러드와
키우는 샐러드

———

샐러드가 잘 팔리고 있습니다. 샐러드바를 갖추고 있는 음식점은 대인기이고 샐러드 전문점도 차례차례 오픈하고 있습니다.

편의점에서는 도시락코너의 샐러드뿐 아니라, 가정에서 자유롭게 사용할 수 있도록 만든 '자른 채소'도 호평을 받고 있습니다. 예를 들면, 샐러드용 자른 채소로는 양파샐러드나 양상추믹스샐러드, 양배추믹스샐러드 등이 있지만, 그 외에도 채소볶음용이나 전골용, 볶음밥용으로 각각의 채소를 잘라 봉지에 넣은 상품을 제안하고 있습니다.

앞서도 얘기했지만, 1인 가구나 고령자, 맞벌이가정의 증가로, 집에서 직접 요리하는 가정이 줄어들고 있어 채소 하나를 통째로 사지 않는 가정이 늘고 있습니다.

양배추 한 개, 양상추 한 개는 몇 사람이 여러 번 나누어 먹지 않으면 다 먹기 전에 상해 버리는 경우도 있습니다. 2인 가구나 1인 가구의 경우, 이런 채소를 슈퍼마켓에서 사 와도 다 못 먹는 경우가 많습니다. 또 시간적인 문제도 있습니다. 바쁜 와중에 애당초 채소를 씻고 껍질을 벗기고 자르는 시간이야말로 아깝게 느껴지는 가정도 많겠지요.

그래서 슈퍼마켓이나 편의점에서도 반으로 자른 양상추나 양배추를 판매하는 등 연구를 거듭하던 중에 미리 잘라서 봉지에 넣어 둔 상품도 나오게 된 것입니다. 봉지를 열어 그대로 접시에 담으면 즉석에서 샐러드가 되는 이것은 최고의 '시간 절약' 채소라 할 수 있겠지요.

다른 한편, '시간 절약'과는 달리 시간의 흐름을 체험할 수 있는 상품도 잘 팔리고 있습니다. 제가 2016년에 발매한 '키우는 샐러드'로 대표되는 '가든 시리즈'는 '시간 절약'의 정반대의 상품으로 샐러드용 잎을 가정에서 재배하는 키트입니다. '자른 채소'가 귀가해서 1분 만에 먹을 수 있는 상품이라면, '키우는 샐러드'는 실제 먹을 때까지는 적어도 한 달은 걸립니다.

이것이 잘 팔리고 있습니다. 당초 젊은 여성을 주 고객으로 상정해 발매했지만, 막상 뚜껑을 열어 보니 50대, 60대 남성도 종종 구매하는 예상외의 즐거운 결과였습니다.

상품으로서의 '물건'을 제안하는 일이 많은 편의점이지만, 가정에서 즐길 수 있는 체험형의 '일'을 제안해 성공한 것이 이 시리즈의 특징이었습니다.

이것은 예전에 원예회사에서 일한 경력을 가진 직원이 제안했던 것입니다. 저도 집에서 테라스 재배를 한 경험이 있습니다. '식물과 함께하는 생활을 하고 싶다'고 생각해 실제 화분을 사고 흙과 모종을 사서 재배하는 것은 번거로운 일입니다. 비료 같은 것도 종류가 많아 그 식물에 뭐가 맞는지도 모르겠고, 만일 벌레가 생기면 마음 편히 물어볼 사람이 가까이 없는 것도 문제입니다. 화원은 교외에 있는 경우도 많아 도심에 사는 사람에게는 접근하기 어려운 현상도 있습니다. 거기서 착안한 상품이었습니다. 정원이나 넓은 테라스가 없는 도심에 사는 사람들 중에도, 식물을 키우며 힐링의 시간을 가지고 싶은 사람은 많이 있습니다. 만일 편의점에서 그 소망에 간단히 응할 수 있다면 틀림없이 즐거울 거라고 생각해 상품화했습니다.

상품화에 있어서는 사카타 종묘상과 스미토모 화학원예라는 식물전문회사 두 곳과 협력하여, 물을 주면 팽창하는 인공토양에 사전에 씨앗을 넣고 필요한 비료도 모두 첨부한 상품이 만들어졌습니다.

이거라면 원예를 잘 모르는 사람이라도 특별히 고생하지 않고 식물이 건강히 커 가는 것을 즐길 수 있습니다.

'히트상품화'에 관해서는, 상품의 네이밍도 중요합니다. 당초 이것은 '샐러드'라는 명칭으로 제안된 상품이었지만, 그러면 나중에 상품으로서 폭을 넓힐 수 없습니다. 그래서 상품명은 '키우는 샐러드'라고 하면서도, 카테고리 명은 넓게 '가든 시리즈'로 하기로 했습니다. 그렇게 하면 나중에 샐러드 이외의 식물로 확대할 수 있기 때문입니다.

어린잎채소나 바질 등을 키우는 '키우는 샐러드', 깻잎, 고수 등의 '키우는 향신료', 거기에 맨드라미나 미니해바라기 등의 '키우는 부케' 등을 더해 앞으로는 테라스가드닝용품의 충실화로 이어질 것입니다.

잘 팔리는 상품이야말로
바꾸자

——

노력한 덕분에 히트상품이 만들어졌다고 합시다. 평판도 점포의 판매동향도 좋습니다. 경영자도 개발자도 점포 직원들에게도 기쁜 결과입니다.

하지만, 저는 이러한 히트상품이야말로 당장 리뉴얼해야 한다고 생각합니다.

일반적인 마케팅에서는 잘 팔리는 상품 A와 그럭저럭 팔리는 상품 B, 그다지 판매가 좋지 않은 상품 C가 있다면, 판매가 좋지 않은 상품 C를 삭제하고, 새롭게 잘 팔리는 상품을 투입하고자 생각하겠지요.

하지만, 실은 가장 주의가 필요한 것은 잘 팔리는 상품 A입니다. 물론 판매가 좋지 않은 상품 C는 삭제하거나 당장 대응을 검토해야 하지만, 안 팔리는 상품에만 신경을 쓰고 있으면, 잘 팔리는 상품이 뒤

통수를 맞습니다.

예를 들면, 아까 얘기했던 라멘 같은 것은 덕분에 대히트상품이 되었지만, 이 라멘도 발매 후 히트하고 나서 재빨리 국물의 맛을 변경했습니다.

사람의 입맛은 계절에 따라 변화합니다. 냉라멘의 사례에서 이미 얘기했지만, 라멘도 마찬가지입니다. 라멘이 가장 잘 팔리는 것은 가을과 겨울이지만, 라멘 같은 인기상품은 연중 점포에 진열되어 있습니다. 그렇기는 해도 계절이 바뀌는 이상, 이것도 맛을 바꾸어야 합니다.

맥주도 추워지기 시작하면, 풍미가 강한 것을 마시고 싶어집니다. 그것과 마찬가지로 라멘도 가을 겨울 버전은, 맛을 조금 진하게 해서 추운 날씨에 맛있게 느껴지는 것으로 개선했습니다.

프라페[19]도 그렇습니다. 우유를 사용할 수 있는 커피머신을 도입한 탓에 여름에는 카페프라페나 망고프라페 등 여러 가지 종류의 프라페를 만들 수 있게 되어 상당한 인기상품이 되었지만, 이 잘 팔리는 상품도 발매와 동시에 개선하였습니다. 프라페의 경우는, 계절의 변화에 대응해 얼음의 크기를 바꾸도록 하였습니다. 여름에는 작은 얼음으로, 가을 겨울은 큰 얼음으로 만들도록 변경했습니다. 제조업체에서는 '그렇게까지 해야 합니까?'라며 쓴웃음을 지었지만, 그러는 것이 계절에 맞는 식감으로 절대 맛있다는 것을 알고 있었기 때문에 당연히 변경했습니다.

---

19) 얼음을 갈아 넣어 차게 한 음료수를 이른다.

종종 사람들은 '안 팔리는 상품이야말로 리뉴얼해야 한다'고 합니다. 하지만, 마찬가지로 '잘 팔리는 상품이야말로 계속 리뉴얼해야 한다'고 크게 소리쳐 말하고 싶습니다.

그것은 왜일까요?

잘 팔리는 상품은 그만큼 매일 먹고 있는 사람이 많기 때문입니다. 매일 먹으면 당연히 질리게 됩니다. 하지만 만약 그 상품이 점점 진화해서 점점 더 맛있어진다면요? 사람들이 질릴 틈이 없습니다.

우리는 고객의 일상을 도와드리는 업태입니다. 일단 완성된 상품도 만들고 바꾸고, 또다시 만들고 리뉴얼하는 것을 계속해 나가는 것이 중요합니다.

잘 팔리는 상품을 일단 철수하여 개선에 시간이 걸리게 되면 확실히 그 기간 동안 판매할 수 없어서 손해를 보는 듯이 느껴질지 모릅니다. 하지만 발상을 뒤집으면 더 맛있어져서 절대로 잘 팔릴 거라는 확신을 가질 수 있는 상품 하나를 비장의 카드로 가지고 있다는 얘기도 됩니다. 그 시즌에 던질 수 있는 공이 여러 개가 됩니다. 그것은 장사 전체가 여유로워지게 할 수도 있을 것입니다.

히트상품이 나오지 않는 시대의
상품개발

———

요즘은 '공전의 히트상품'이 나오기 어려운 시대라고 합니다.

고도경제성장기에는 많은 히트상품이 만들어졌습니다. 당시는 국민의 가치수준이 균일했기 때문입니다. '1억 총중산층' 사회라는 말도 있었지만, 그런 사회에서는 꿈이나 목표, 갖고 싶은 것도 모두 비슷했었습니다.

당시는 많은 사람들이 내 집을 가지고 차를 가지고 최신 가전제품을 가지고 싶었습니다. 각 가정의 형편에 따라 중형차인지 소형차인지 차이는 있지만, 많은 사람들이 자동차를 사고 싶다는 욕망을 가진 시대였습니다.

그런데 지금은 이상적인 모델케이스를 가지기 어려운 시대입니다. 고급 차를 선호하는 사람이 있는가 하면, 가능한 한 싼 차가 좋다는 사람도 있습니다. 애초에 차 같은 것은 필요 없고 카쉐어링으로 충분하다는 사람도 있는 시대입니다. 내 집 마련을 하려는 가정이 있는가 하면, 평생 전세로도 충분하다는 가정도 있습니다. 혼자만의 원룸을 쾌적하다고 생각하는 사람이 있는가 하면, 쉐어하우스에서 사는 젊은 이도 있습니다. 패스트푸드를 아주 좋아하는 사람이 있는가 하면, 모든 재료의 산지를 엄선해 식사하는 것을 좋아하는 사람도 있습니다.

각양각색의 생활과 가치관 가운데서 '모든 사람이 이걸 원할 거야' '이건 절대로 잘 팔릴 거야'라고 생각하는 일방적인 마케팅은 통하지 않습니다.

다양한 가치관을 찬찬히 살피고 상상력을 더해 세세한 선택지의 깊이를 추구하는 것이 '잘 팔리는' 상품을 만들어 내는, 즉 '히트상품화'로 가는 유일한 길일 것입니다.

제2장

판매력
양성강좌

- 잘 팔리는 점포를 만든다 -

팔려야 할 상품이
팔리지 않는다

———

어떤 골동품 거리에 한 편의점이 있었습니다. 평상시에 방문객 수가 많은 점포는 아니었습니다. 단지 골동품 장이 열리는 날은 사람이 붐비는 입지였습니다.

하지만 골동품 장날 당일에 제가 방문해 보니, 진열대가 결품[20]으로 텅텅 비어 있어서 놀랐습니다. 고객이 걷다 지쳐 뭔가 먹거리나 음료를 사려고 찾아와도 원하는 것을 만족스럽게 살 수 없는 상태였습니다. 원래라면 충분히 팔릴 수 있는 상품이 결품으로 팔리지 않는 '기회로스'가 발생하고 있었습니다.

하지만 이 점포가 눈뜨고 볼 수 없는 더 큰 참상에 빠졌던 것은 다음 날이었습니다. 전날의 결품을 반성했는지 이번에는 대량으로 상

———

20) 상품이 다 팔려 매진된 상태를 이른다.

품을 발주한 것입니다. 하지만 골동품 장날은 어제 끝났습니다. 손님이 평소만큼만 왔던 이 점포는, 이번에는 대량의 '폐기로스'를 내는 결과를 낳았습니다.

왜 이렇게 되어 버렸을까요?

이유는 간단합니다. 발주라는 중요한 업무를 경시했기 때문입니다.

내일은 휴일로 골동품 장날도 열리니까 멀리서도 많은 사람들이 우리 동네를 방문한다는 것, 일기예보는 맑음을 알리고 있다는 것, 걸어 다니면서 음료를 마시거나 간식을 먹기에 좋은 계절이라는 것 등 조금만 머리를 굴려 보면 많은 것을 예측할 수 있었을 터입니다. 하지만 이 단순한 작업을 태만히 한 것이겠지요.

고객층에 대한 가설, 시간대별 판매의 가설, 소비 장면의 가설에 얼마만큼 신중히 임할 수 있는가? 이 가설을 세우느냐 세우지 않느냐에 따라 발주의 정밀도는 완전히 달라집니다.

'잘 팔리는 점포'를 만드는 것은 정열이나 감만으로는 부족합니다. 여러 가지 준비나 판매력 이론이 필요하고 그 기본을 소홀히 하면, 기껏 잘 팔릴 상품도 팔리지 않는 결과가 되어 버립니다.

이 장에서는 주로 상품의 판매방법과 매장 만들기의 관점에서 생각해 보고자 합니다. 상품을 매력적으로 보이게 하는 방법, 잘 팔리는 상품과 팔리지 않는 상품의 구분법, 좁은 매장을 유효하게 사용하는 법, 발주의 포인트 등을 살펴보겠습니다.

상품팀이 개발한 상품을 실제로 파는 장소는 점포이며, 그것을 파는 것은 현장 직원입니다. 아무리 훌륭한 상품을 만들어도 파는 방법, 보여 주는 방법이 잘못되면 '히트상품화'로 이어지지 않습니다. 그냥 대충 진열해 두는 점포에서는, 고객은 어느 상품을 선택해야 하는지조차 모르기 때문입니다.

어떤 매장을 만들면 고객이 상품을 선택하고 카운터에 가져와 구매하게 되는지, 한 발 더 나아가 우리 점포의 단골이 되는지를 단계적으로 생각해 봅시다.

물건이 팔리지 않는 것은
누구 탓?

어떤 점포에서 구두를 사려고 했던 때의 일입니다. 저에게 맞는 사이즈를 찾아 달라고 점원에게 물었더니 "그 사이즈는 없습니다."라고 답했습니다.

"그럼, 한 사이즈 작은 것을 부탁합니다."라고 했더니, 이것도 없다는 것입니다. 물어보니 진열대에 있는 한 켤레밖에 재고가 없다는 겁니다.

또 다른 옷가게에서 갖고 싶은 색깔의 스웨터가 있어서 다른 사이즈를 찾아 달라 했더니 이것도 또 없다는 것입니다. 저는 극히 표준적인 체형인데도, 그 사이즈가 없다는 겁니다. 그 점포에는 작은 사이즈나 큰 사이즈밖에 재고가 없다고 했습니다.

그 후, 이탈리아음식점에서 맛있는 요리를 먹은 후 에스프레소를 주문하니 그 점포에서는 에스프레소는 취급하지 않고 극히 평범한 아메리카노밖에 없다고 했습니다.

아까 얘기한 골동품거리의 편의점에서는, 우리 회사의 일원으로서 우리 점포의 '기회로스'를 눈으로 직접 보았지만, 이번에는 고객의 입장에서 똑같은 일을 체험한 것입니다. 저는 사려는 생각이 충분히 있었는데 점포 측이 그 물건을 준비하지 않은 탓에 살 수가 없었습니다.

한번 생각해 봅시다. 양복을 팔려고 할 때 한 가지 아이템, 한 가지 사이즈만으로 제대로 팔 수 있을까요? 정말로 물건을 팔고 싶다면 어떻게 해야 할까요? 그것은 극히 간단한 이야기입니다.

잘 팔릴 거라 생각되는 상품을 대량으로 발주해 전부 다 파는 것. 이게 다입니다.

그리고 대량으로 보유한 재고는 반드시 '잘 팔리는 상품'이어야 합니다. 아무리 재고를 많이 보유해도 '팔리지 않는 상품'만 가지고 있으면, '잘 팔리는 점포'는 되지 않습니다.

물건이 팔리지 않는 것은 고객의 탓이 아닙니다. 100% 자신의 탓입니다. 자신의 업무나 방법이 잘못되었기 때문에 물건이 안 팔리는 겁니다.

예전 언젠가 편의점에서는, 그때까지 판매동향이 좋지 않았던 팬티스타킹이 갑자기 잘 팔리게 되었습니다. 판매 중이던 값싼 상품을 중단하고 고품질의 상품을 진열했기 때문입니다. 수건도 잘 팔리게 되었습니다. 상품구색[21]을 원점에서 재검토하여 피부에 닿는 감촉이

---

21) 상품을 스타일, 소재, 맛 따위의 기능이나 디자인으로 구분하여 만든 하나의 단위를 이른다.

나 색감이 좋은 고품질 제품을 도입했기 때문입니다.

다른 한편, 손수건은 계속해서 팔리지 않은 상태였습니다. 그때까지 해 오던 대로 상품구색을 아무것도 바꾸지 않았기 때문입니다.

노력의 결과는 반드시 숫자로 나타납니다. 숫자가 바뀌지 않는 것은 노력을 하지 않았든가 노력은 했어도 그 방향이 잘못되었기 때문입니다.

AI는 할 수 없는
창조력을 발휘한다

———

지금껏 대량의 재고를 보유했던 패스트패션점 같은 곳에서는 넓은 매장에 많은 수의 상품을 진열하여 차례차례 방문해 오는 고객들의 요구에 응하는 인해전술밖에 방법이 없었습니다. 원하는 사이즈가 있어도 점원을 찾기가 힘들거나, 점원에게 부탁해도 좀처럼 재고를 가져오지 않거나 하는 기회로스가 많이 발생하고 있었습니다. 그런데 최근 스페인의 어패럴 대기업이 경영하는 ZARA(자라)에서는 RFID(무선자동식별장치) 태그를 도입하여 출하부터 판매까지 어떤 상품의 어떤 사이즈가 어떤 점포에 납품되어 얼마나 팔렸는지, 그 상품의 재고가 지금 어디에 몇 개 있는지 같은 세세한 정보까지 점원이 모두 간단하게 파악할 수 있게 되었습니다.

향후에는 모든 업종에 AI(인공지능)가 도입되어, 지금껏 사람의 노동에 의지할 수밖에 없었던 여러 가지 일을 해결할 것이라고 생각합니다.

그것을 AI에 의한 업무의 효율화가 진전되는 것으로 볼지, AI에게 일을 빼앗긴다고 받아들일지는 논의의 여지가 있지만, AI나 컴퓨터에게 아직 불가능한 것이 두 가지 있습니다. 그것은 상상력, 그리고 창조력입니다.

인간이 일단 만든 구조를 효율적으로 돌아가게 하는 것에는 이러한 신기술이 적합할지도 모르겠습니다. 다양하게 활용해야 합니다. 하지만, 어떤 상품을 만들지, 어떤 매장을 만들지, 또 어떤 판매방법을 취하면 고객이 좋아할지, 쇼핑이 즐거울지, 다시 오고 싶을지 이런 것을 생각하는 것은 역시 아직은 우리 인간의 일이기 때문이겠지요.

우리의 지능은 인공이 아니기 때문에 한 사람 한 사람이 다른 능력을 가지고 있습니다. 매장 만들기라는 것은 어떤 일을 하면 고객이 기뻐할까 하는 것을 매일 상상하면서 노력하는 작업입니다. 상상력과 창조력, 이것을 사용하여 고객에게 '이 점포에 오면 즐겁다' '또 오고 싶다'는 생각이 들도록 점포를 만드는 것이어야 하지 않을까요?

점포의 콘셉트를
명확히 한다

———

상상력을 발휘한다는 것은, 상대가 무엇을 희망하고 있는가를 예상한다는 것입니다.

인간관계를 생각해 봅시다. 자기중심적인 사람 주위에는 사람이 모이기 어렵습니다. 상대가 즐거워하거나 슬퍼하거나 곤란해해도 그런 사정에는 개의치 않고, 자신이 하고 싶은 말만 계속하는 사람은 함께 있어도 즐겁지 않습니다.

그러나 이것은 점포나 서비스도 마찬가지 아닐까요? 아무리 멋진 시스템이나 서비스, 상품, 점포를 만들어도 그것이 독선적이라면 고객은 점점 오지 않게 됩니다.

한 가지 예를 들겠습니다. 어떤 도심에 한 빵집이 오픈했습니다. 장시간 숙성한 특제의 맛있는 빵이 이 집의 자랑입니다. 하지만 판매동

돈이 되는 상품개발

향이 좋지 않습니다.

　그 점포가 있는 지역은 작은 사무실이 많은 거리로, 낮에는 주변 회사에서 사람들이 점심을 먹으러 많이 나옵니다. 하지만 그 점포에서는 식빵이나 롤빵, 크루아상이나 베이글 같은 빵밖에 취급하지 않았습니다. 소시지빵이나 샌드위치 같은 종류가 없습니다. 아무리 맛있어도 식빵이나 롤빵만으로는 점심식사가 되지 않습니다. 여기서 빵을 산 사람은 별도로 반찬거리가 될 만한 것을 다른 점포에서 사야 하지만, 정해진 점심시간 내에 가게를 두 집이나 돌 수 없기 때문에 자연히 이 가게에는 가지 않게 된 것입니다.

　이런 빵집은, 다음 날 아침식사용 빵을 원하는 사람이 많은 주택가 같은 입지라면 잘 팔리는 점포였을지도 모릅니다. 하지만 오피스가에서 중요하게 여겨지는 빵집이란, 바로 먹을 수 있는 샌드위치나 단팥빵 같은 빵이 충실한 점포입니다. 욕심을 내자면, 빵과 함께 맛있는 커피나 신선한 과일주스, 수프 같은 것도 살 수 있으면 더욱 좋겠지요. 게다가 여기서 한숨 돌리며 먹을 수 있는 테이블까지 갖추고 있다면 최고입니다.

　우리 점포 주위에는 무엇이 있는지? 공원, 주택, 학교, 사무실, 유원지, 또 거기에 오는 사람들은 어떤 상품을 원하고 있는지? 그것을 생각하는 것이 중요합니다. 우리 가게만의 훌륭한 제조법, 자랑할 만한 상품, 여러 가지 판매노하우, 그런 것은 독선에 지나지 않습니다. 우리 점포에 오는 사람들은 대체 무엇을 원하는가? 사실은 그것이 가장 중요한 것입니다.

점포에 들어선 순간, '이 점포는 무엇을 팔고 싶은지'가 한눈에 알 수 있는 점포만이, 진정한 의미의 '잘 팔리는 점포'가 됩니다. '내 집같이 편안한 커피숍' '특별한 제조법의 커피를 맛볼 수 있는 가게' '특이한 잡화만 취급하는 가게' '꽃집과 서점이 융합한 점포' '영국 과자만 파는 점포' '전문가의 수제 액세서리를 취급하는 점포' '혼자 사는 젊은 여성을 타깃으로 한 가구점' 등 세상에는 여러 가지 점포가 있습니다. 그중에서 성공한 점포는 모두 '콘셉트를 명확히 하는 점포'라는 공통점이 보입니다. 어떤 사람이 어떤 때에 어떤 기분으로 방문해야 하는지를 명확히 정하는 것입니다.

모든 사람에게 만족을 주는 점포라는 것은, 결국 아무에게도 만족을 주지 못하는 상품만 모아 놓은 점포가 되어 버리기 때문입니다.

슈퍼마켓 옆의 편의점이
왜 망하지 않는가?

───

고객층을 좁히는 것에 대해, 편의점과 슈퍼마켓을 사례로 생각해 봅시다.

이전에 이런 질문을 받은 적이 있습니다.

"우리 집 근처에 있는 편의점 바로 옆에 큰 슈퍼마켓이 새로 생겼습니다. 상품구색이 많고 가격도 싸서 저 편의점은 망하겠구나 하고 생각했지만 망하지 않는 겁니다. 이전과 똑같이 편의점에도 고객이 있고 새 슈퍼마켓도 장사가 잘되고 있어요. 왜 그렇습니까?"

확실히 이런 의문을 가지는 것이 이해는 됩니다. 편의점과 슈퍼마켓은 중복되는 물건이 많은 것도 사실이니까요. 예를 들면 우유나 주스, 빵, 과자, 일상용품, 주류 등 같은 카테고리 상품에 게다가 같은 제조업체의 상품도 많이 있습니다.

여기에 슈퍼마켓이 상품 수가 더 많고 가격도 더 쌉니다. 내셔널 브랜드(제조업체 브랜드)[22] 상품도 대량으로 매입하는 슈퍼마켓은 비교적 저가격으로 제공할 수 있고, 독자적인 프라이비트 브랜드(유통업체 자사브랜드) 상품으로 저렴한 상품 시리즈를 전개하는 곳도 있습니다.

그럼에도 편의점과 슈퍼마켓은 공존할 수 있습니다. 그것은 왜일까요?

슈퍼마켓과 편의점의 공존을 이상하게 느끼는 사람은 아마도 '상품 구색이 다양하고 상품이 싸다 = 고객이 좋아 한다'라는 발상에 사로잡혀 있기 때문입니다.

확실히 그러한 콘셉트로 점포를 만들어서 성공한 브랜드도 많이 있습니다. 많은 슈퍼마켓과 할인점 등은 상품이 다양하고 가격이 싸다는 것으로 승부를 걸어 실제 성공하고 있으며, 의류매장인 유니클로나 H&M, 인테리어용품의 니토리[23] 등도 기본적으로 같은 콘셉트라고 말할 수 있겠지요.

고급 의류나 고급 인테리어용품이 아닌 다른 선택지로도 기뻐하는 소비자는 많이 있습니다.

---

22) 내셔널 브랜드(National Brand): 전국에 걸친 시장수용성을 가지는 제조업자 또는 생산자의 브랜드. 일반적으로 제조업자 브랜드라고 말하며, 유통업자의 브랜드인 프라이비트 브랜드(Private Brand)에 대응되는 용어이다.
23) 일본의 가구, 인테리어 전문업체로 다양하고 풍부한 상품구색이 특징이다.

하지만 언제 어디서나 다양한 상품구색과 싼 가격을 소비자가 원하느냐 하면 그건 아닙니다. 상품이 다양하고 가격이 싼 대신에 다른 가치를 제공하는 것으로 충분히 그것에 대응할 수 있는 장사는 얼마든지 가능합니다.

'시간 편의성'이라는
가치

———

　슈퍼마켓과 편의점이 어떻게 공존할 수 있을까요? 정답은 양쪽에
대해 사람들이 원하는 역할이 다르기 때문입니다.

　사람들은 쇼핑 갈 때 '오늘은 슈퍼마켓에 갈까? 아니면 편의점에 갈
까?'라고 고민하지 않습니다. 처음부터 '오늘은 슈퍼마켓에 가자' '편
의점에 가자'라고 정해져 있을 겁니다.

　예를 들면, 어떤 사람이 저녁으로 된장국과 생선, 채소 요리를 먹고
싶어 한다고 칩시다. 만일 그 사람이 요리를 좋아해 스스로 조리하고
싶으면 슈퍼마켓에 가서 채소코너에서 채소를 고르고 생선코너에서
생선을 사서 계산대로 향할 것입니다.

　하지만, 만일 그 사람이 일로 피곤하거나 시간이 없는 경우는 어떨
까요? 처음부터 요리를 할 시간도 기력도 없습니다. 그런 날은 편의

점에서 고등어 된장조림이나 우엉조림, 샐러드 같은 것을 사서 접시에 옮겨 담을지도 모릅니다.

마찬가지로 늦잠을 자서 아침밥을 먹을 시간이 없으면, 전날 슈퍼마켓에서 산 빵과 햄, 양상추로 아침식사를 만드는 것이 아니라, 근처의 편의점에서 샌드위치와 커피를 사겠지요. 도시락을 만들 시간이 없으면, 편의점에서 도시락을 고릅니다.

그렇습니다. 편의점은 시간이 없는 사람들을 위해 직접 만드는 번거로움이 없도록 이미 완성된 상품을 제공하는 역할을 하고 있습니다.

그렇게 생각해 보면, 편의점은 택시와 비슷한 면이 있습니다. 자신의 발로 걸어도 목적지에 도착할 수 있다는 것은 알지만, 택시를 이용합니다. 피곤한데 짐도 무겁다, 비가 온다, 약속 시간에 늦을 것 같다 등 여러 가지 이유로 택시를 이용합니다. 택시를 타면 요금이 발생하지만, 지불한 금액에 합당한 편리성이 있기 때문에 택시를 이용하는 것입니다.

식재를 많이 취급하는 슈퍼마켓에 비해, 편의점은 도시락이나 반찬, 찐빵이나 프라이드치킨 같은 조리된 푸드 카테고리에 특히 힘을 기울이고 있습니다. 시간이 부족한 현대인들에게 간단히 맛있는 것을 드실 수 있도록 하기 위함입니다. '가정의 부엌'으로써 활용할 수 있도록 하는 것이 편의점의 하나의 존재 이유라고 할 수 있겠습니다.

시간 절약은 먹거리에만 한정되는 것이 아닙니다. 가정에서 휴지나 세제가 떨어지면 거리가 먼 슈퍼마켓까지 가지 않더라도 집 근처의 편의점에서 살 수 있습니다. 은행에 갈 시간이 없는 사람은 편의점 ATM을 이용할 수 있습니다. 동사무소가 열려 있는 시간에 갈 수 없으면 편의점에서 증명서류를 발급받을 수도 있습니다. 집에서 택배를 받을 수 없는 사람은 편의점이 대신 택배를 받아 주기도 하고, 급히 사진을 인화해야 하는 경우에는 복합기에서 사진을 프린트하는 것도 가능합니다.

이런 일을 하는 데 걸리는 시간이나 수고를 편의점이 대신 제공하여 절약한 시간을 다른 일을 하는 데 사용할 수 있습니다. 그것이 편의점이 제공하는 하나의 가치, 바로 '시간 편의성'입니다.

근처에 편의점이 하나 있다는 것은 식료품점, 도시락가게, 커피숍, 술집, 담배가게, 일상용품점, 문구점, 서점, 은행, 우체국, 택배회사, 동사무소, 사진관이 거기에 존재하고 있는 것과 같은 것입니다.

겨우 30평도 안 되는 작은 점포에서 이 모든 것을 할 수 있게 해 주는 점포는, 세상이 넓다고는 해도 일본 편의점 외에는 존재하지 않을 것입니다.

아까 장사를 하고 싶다면 우선 콘셉트를 명확히 하라고 이야기했습니다. 편의점으로 말하자면, 콘셉트의 하나는 '시간 절약'이며, 그 관점에서 보면 푸드도 음료도 디저트도 ATM도 택배도 우편도 모두 하나의 콘셉트 위에 놓여 있습니다.

저는 항상 '편의점이니까 한다' '편의점이니까 안 된다'라는 발상을 버리자고 말합니다. 우리는 'ㅇㅇ을 파는 장사니까'라고 스스로를 엄밀히 정의해 버리면 그 틀에서 벗어난 것은 모두 없애야 한다는 생각을 하게 됩니다.

생각해 보면 꽃가게니까 꽃만 판다는 것은 이상한 이야기입니다. 꽃을 사러 오는 사람은 자연이나 아름다움, 힐링을 원해서 오는 사람일 것입니다. 그렇다면 꽃을 파는 가게의 한쪽에 꽃의 그림이나 사진집, 꽃 관련 서적을 두어도 좋겠고, 그것을 바라보면서 커피를 마시는 카페를 병설해도 좋을 것입니다. 꽃과 함께 선물이 될 수 있는 잡화를 두어도 좋겠고 드라이플라워 강좌 같은 워크숍을 여는 것도 좋겠지요. 아이디어는 무궁무진합니다.

콘셉트가 명확하면, 새로운 서비스나 새로운 상품개발의 아이디어도 나올 수 있습니다. '우리는 ○○가게니까'라는 틀에서 벗어나면, 어딘가에 아직 존재하는 고객의 새로운 니즈를 찾아내는 것도 충분히 가능합니다.

대형점에
소형점이 대항하는 방법

———

지금은 책이 팔리지 않는 시대라고 합니다. 연간 출판되는 서적 수는 계속 늘고 있지만, 업계 전체의 매출은 점점 줄고 있어 잡지의 폐간도 계속되고 있습니다.

그렇기는 해도 책이 전혀 안 팔리는 것은 아닙니다. 출판 직후에 몇십만 부가 팔려 화제가 되는 히트작도 있고, 영화나 드라마가 되어 부수가 늘어나는 경우도 있습니다. 무라카미 하루키의 7년 만의 장편소설은 책이 나오기 전부터 장안의 화제가 되어, 발행사인 신쵸샤는 상하권 합계로 밀리언셀러가 되는 초판 부수를 찍었습니다.

또한 책을 파는 데 있어서 중요한 역할을 하는 서점은 해마다 감소하고 있는 반면, 대형 서점이나 독자적인 테마를 선정해 운영되는 독립서점 등에서는 사람들이 항상 넘치고 있습니다.

즉 모든 책이 안 팔리는 것은 아니며 모든 서점이 파리만 날리고 있는 것도 아닙니다. 잘 팔리는 상품은 잘 팔리고, 좋은 점포를 만든 가게는 번성하고 있습니다. 그럼 그 차이는 도대체 어디서 생기는 것일까요?

단지 서점을 오픈해 영업시간에 책을 진열만 하고 있어서는 장사가 되지 않는 시대라는 점은 확실합니다. 현재 일본에서 1년에 출판되는 서적의 종류는 약 8만 종입니다. 작은 동네서점은 대형 서점의 많은 종류에는 절대 이길 수 없으며, 그렇다고 해서 잘 팔리는 책만 팔아서는 다른 서점과의 차별성을 만들 수 없습니다.

여기서 편의점과 슈퍼마켓의 비교를 되돌아봅시다. 대형 서점은 책의 종류가 다양하다는 점에서 슈퍼마켓과 비슷합니다.

일본 슈퍼마켓의 경우, 평균 매장면적은 약 400평으로 교외에는 그 이상의 대형 슈퍼마켓도 있습니다. 최근 도심부에서는 매장면적을 50평 정도로 압축한 초소형 슈퍼마켓도 늘고 있기는 하지만, 그래도 편의점과 비교하면 넓은 것이 보통입니다. 편의점의 평균 매장면적은 겨우 30평 정도이기 때문입니다. 지하철역 내 편의점 같은 경우는 15평 정도도 있습니다. 즉 편의점은 매장면적이 한정되어 있다는 점에서 작은 동네서점과 상당히 비슷합니다.

그럼 어떤 전술로 작은 동네서점이 대형 서점에 대항해야 할까요?

열쇠는 상품구색 전략에 있습니다.

선택할 자유,
선택하지 않을 자유

———

아까 슈퍼마켓과 편의점에서는 요구되는 역할이 다르다고 이야기했습니다. 편의점은 상품 수의 다양함으로 승부하는 것이 아닌 '시간 편의성'이라는 부가가치를 제공하는 것으로 독자적인 존재가치를 발휘하고 있습니다.

슈퍼마켓과 같은 대형점과 동네 소형점인 편의점에는 또 하나의 차이가 있습니다. 그것은 대형점에서는 상품을 '선택할 자유'가 있고, 소형점에서는 '선택하지 않을 자유'가 있다는 것입니다.

사람들이 슈퍼마켓에 갈 때는 다양한 상품 중에서 '선택하는' 것을 원합니다. 초콜릿 하나를 보더라도 많은 상품 중에서 자기가 좋아하는 것을 '선택하고 싶다'는 생각으로 진열대를 바라봅니다. 슈퍼마켓을 방문하는 사람은 다수의 세제, 풍부한 조미료, 다양한 과자 중에서 자신이 '선택하고 싶은' 것입니다.

그래서 모든 카테고리가 한 종류씩밖에 놓여 있지 않은 슈퍼마켓이 있다면, 사람들은 불만을 가질 것이고, 그런 의미에서 대형 할인점 또는 대형 서점이나 의류점 등을 포함한 대형점에 가장 요구되는 것은 다양한 상품구색이라고 할 수 있을 것입니다.

하지만, 사람이라는 것은 '많은 선택지 중에서 선택하고 싶은' 생각을 가짐과 동시에, 그 반대의 '선택하고 싶지 않은' 무의식의 욕구도 가지는 성가신 생물이기도 합니다.

바빠서 선택할 시간이 없다, 귀찮다, 혹은 정보나 상품이 너무 많아 무엇을 선택하면 좋을지 모르겠다는 사람도 있습니다. 사람이 많이 모이는 곳에 가고 싶어 하지 않는 사람도 있습니다. 그런 사람은 상품구색이 다양한 대형 점포에 가는 것 자체를 회피하고 싶다고 무의식적으로 생각하는 것입니다.

하지만 문제는 그런 사람에게 '그럼 뭐든지 상관없겠군요. 특별히 원하는 것은 없으시죠?'라고 물으면 결코 그렇지 않다는 것입니다. 스스로 선택하고 싶지는 않지만, 가능하면 맛있는 상품을 먹고 싶고 편리하고 질 좋은 상품을 손에 넣고 싶다고 생각합니다. 이런 '제멋대로'인 소비자의 심리를 만족시키는 것이 소형점에게는 하나의 활로가 됩니다.

모든 상품을 망라하려 하지 말고 콘셉트를 압축해 그 가운데 좋은 것만을 갖추는 것. 점포 측이 후각을 갈고닦아 엄선한 것만을 갖추어 '거기 가면 내가 일부러 찾아다니지 않아도 재미있는 것이 있다'라고 생각하게 하면 성공입니다.

잘 팔리는 상품을 두고, 팔리지 않는 상품은 철저히 배제하는 것. 이것이 편의점의 기본원리입니다. 매장면적이 작은 점포는 상품의 취사선택에 대해서 병적일 정도로 집념을 가져야만 합니다. 편의점의 경우, 예를 들어 화장품을 두고 싶다고 해도 넓은 드러그스토어처럼 '이것도 저것도' 모두 둘 수는 없습니다. 어디까지나 '이건가 저건가'를 선택할 수밖에 없습니다.

이러한 시선으로 상품을 바라보면, 대부분의 슈퍼마켓이나 드러그스토어, 대형 할인점은 '그다지 팔리지 않을 것 같은' 걱정스러운 상품들로 가득합니다. 그럼에도 '선택하고 싶은' 사람들을 위해 많은 선택지를 제공하는 것이 그들의 방법입니다. 단지 그것을 소형점이 따라 하면 반드시 실패합니다.

잡화점 같은 곳에서 뭔가 어수선하게 여러 가지 물건이 진열되어 있지만 결국은 뭘 사고 싶은지 몰라서 나와 버린 경험은 누구에게나 있을 겁니다. 혹은 술집에 가서 상상할 수 있는 거의 모든 메뉴를 잔뜩 보고 압도된 경험도 있을 겁니다. 모두 제공할 수 있으면 좋겠지만, 인력부족에 고민하는 요식업계에서는 결국 많은 것을 준비해서 제공하는 일에 지쳐 버리는 점포도 있습니다. 소형점인 이상, 콘셉트를 압축하고 상품을 엄선해야 하는데도 불구하고, 가능한 한 많은 선택지를 준비하고 싶은 욕구에 사로잡혀 많은 종류의 상품을 매입하거나, 메뉴를 끊임없이 준비해 버린 결과입니다.

더불어 사전에 상품을 압축해 제안함으로써 시간이 없는 사람이나

　　　　　　　　　　　돈이 되는 상품개발

상품을 선택하는 번거로움을 싫어하는 사람의 의사결정을 지원하는 제안형의 접근은 다른 곳에도 존재합니다. 예를 들면 Amazon의 추천 서비스나 패션추천 어플의 서비스 등도 최근 점점 늘어나고 있습니다.

지금은 물건이 부족한 시대가 아닙니다. 일본처럼 물건이 넘쳐 나는 상황은, 해외에서 봐도 조금 이상할 정도입니다. 일본처럼 옷이나 음식이나 잡화나 액세서리까지 길거리에 넘쳐 날 정도로 많은 나라는 다른 곳에는 좀처럼 없습니다.

질 좋은 것, 값싼 것, 새로운 것, 전통 있는 것, 이런 모든 선택지를 가지는 것이 풍요로움의 증거라고 사람들이 믿어 왔던 결과입니다. 외국인들도 일본에 오면 스스로 모든 것을 선택할 수 있다고 좋아하지만, 반대로 다른 사람들이 선택해 주는 서비스나 점포도 그만큼 중요하게 여깁니다.

슈퍼마켓에
목적 없이 가는 사람은 없다

그런데 '선택하지 않을 자유'의 장점은, 다수의 선택지 가운데서 선택해야 하는 스트레스를 회피하는 것에만 머무르지 않습니다. 여기에 더해 다른 사람의 제안을 받음으로써, 스스로는 찾을 수 없었던 새로운 만남이나 발견을 얻을 수 있는 즐거움이 있습니다.

'시간 편의성' '선택하지 않을 자유'에 더해 편의점이 중요하게 생각하는 또 하나의 가치는 '호기심, 즐거움'이라는 요소가 있습니다.

편의점은 매일 반복적으로 방문하는 고객이 대단히 많은 것이 특징입니다. 하루에 한 번 혹은 하루에 몇 번씩 방문하는 사람도 적지 않습니다.

아침밥이나 점심식사를 조달하기 위해 오전 중에 편의점에 왔지만, 오후에도 또 ATM을 이용하거나 혹은 약간 출출해서 '신상품 과자가 나왔지 않을까?' 해서 방문해 보거나, 여러 가지 타이밍에서 이용하는 사람이 많기 때문에, 1인당의 방문 횟수도 많아지는 것입니다. 명확한 목적이 있어서 방문하기보다는 '그냥 한번 가 봤다'는 식의 목적 없는 방문이 많은 것도 편의점의 특징입니다. 슈퍼마켓이나 대형할인점에 뭔가 특별히 살 생각이 없는데도 그냥 한번 들러 보았다는 사람이 적은 것과는 대조적입니다.

실제 편의점 이용자 의식조사를 해 보니, 슈퍼마켓에 갈 때와 편의점에 갈 때는 의식과 목적에 큰 차이가 있는 것이 밝혀졌습니다.

슈퍼마켓은 '가사'라는 '일'을 하기 위해 가는 곳으로, 주로 '가족을 위한' 식재를 사러 간다고 대답한 사람이 많았습니다. 슈퍼마켓에 목적 없이 가서 아무것도 사지 않고 나오는 사람은 적습니다.

한편 편의점에 오는 이유 중 다수는 '자신을 위해서'가 대부분이었습니다. 차례로 등장하는 편의점의 오리지널 상품을 먹어 보고 맛있다고 즐거워하며, 시즌한정상품을 사는 재미를 느끼고 싶어서라는 대답이 많은 것도 인상적이었습니다.

이것도 편의점 전략의 하나입니다. 지금까지 편의점은 '가정의 부엌'으로서, 그리고 시간 절약의 '시간 편의성'을 위해 상품구색이나 서비스를 제공하고 있다고 했지만, 이러한 필요에 의해 방문한 분들을 본래의 목적만이 아닌 다른 방문동기를 만들기 위해 다양한 연구를 하고 있습니다.

예를 들면 편의점은 조그마한 과자를 많이 준비하고 있는데, 이것은 커피를 사러 온 고객에게 '아, 이것도 같이 먹어야지'라고 구매를 유도하기 위한 전략입니다. 맥주를 사러 온 사람에게는 근처에 술안주가 될 만한 것을 진열해 '아, 이걸 안주로 먹자'라고 구매를 유도하고, 도시락을 사러 온 사람에게는 카운터 옆 온장고에 들어 있는 프라이드치킨이나 가라아게[24]의 추가구매를 유도합니다. 이런 '연관구매'를 유도하는 것이 우리가 지향하는 방향의 하나입니다.

---

24) 닭고기 등의 재료에 밀가루나 녹말가루를 묻혀 기름에 튀겨 낸 일본 음식을 이른다.

돈이 되는 상품개발

실용성 × 놀라움과 즐거움
= 잘 팔리는 점포

목적 있는 방문과 목적 없는 방문의 원인은 둘 사이의 동기의 차이에 있음을 알게 되었습니다.

슈퍼마켓은 가족 단위의 세대에게 주로 매일의 식생활을 유지하기 위한 점포로서 존재하고 있습니다. 그러므로 이것을 충실히 하기 위해 지혜를 짜내고 고객도 식재조달의 장소로서 목적을 가지고 있는 것이 틀림없습니다.

한편 편의점에서는 사람들의 '가정의 부엌'으로 존재하기 위해, 매일매일 맛있는 도시락이나 반찬 등을 추구하지만, 동시에 잊어서는 안 되는 것이 '놀라움' '기쁨' '즐거움' '호기심' 같은 감정의 동기입니다.

편의점을 이용하는 고객의 약 70%는 단골고객으로, 매일 혹은 하루에 여러 차례 방문하므로 '실용성'만으로는 불충분합니다. 1년에 몇백 번이나 들르는 점포의 상품이 아무런 변화가 없다면 아무리 편리해도 역시 지겨워집니다. 여기서 지겨워지지 않게 하는 계기가 '놀라움과 즐거움'이며, 그것이 신상품으로써 표현되고 있습니다.

저는 '편의점은 신상품을 파는 점포다'라고 자주 말합니다. 실제 편의점에서는 매주 어떤 형태로든 신상품이 등장하고 있습니다. 기존에 호평받았던 상품도 항상 리뉴얼하기 때문에 연간 약 70%의 상품이 바뀌고 있습니다.

현재는 상품이라는 물건을 사는 '물건소비'의 시대에서 엔터테인먼트나 재미있는 체험을 하는 '체험소비'의 시대로 바뀌었습니다. 많은 사람들은 이미 충분한 물건을 가지고 있고, 쇼핑 자체는 아무런 특별한 행위가 아닌 일상적인 것이 되었습니다. 좋은 상품을 제공하는 것은 당연한 것이며, 여기에 얼마나 '놀라움'이나 '감동'을 실을 수 있는지가 중요합니다.

올 때마다 새로운 상품이 있다는 것은 방문 시마다 작은 놀라움을 느끼게 하는 것입니다.

'아, 새로운 과자가 나왔네'
'새 시리즈의 빵이 진열되어 있네'
'처음 본 맥주가 나와 있네'
'도시락이 바뀌었네'
'맛있어 보이는 프라페가 나왔네'

돈이 되는 상품개발

뭔가 커다란 놀라움이 아니어도 좋습니다.

작아도 '오, 좋은데'라고 느껴지는 것이 있으면, 나날의 생활이 조금씩 즐거워지겠지요.

그래서 만일 전년의 매출을 계속 밑도는 점포라면, 그것은 '고객이 지겨워한다'는 것을 증명하기도 하는 것입니다.

점포에 들어오는 고객이 휙 둘러보고 아무것도 안 사고 나가는 일이 계속된다면, 상품구색 면에서 문제가 있다고 생각해야 합니다. 점포에 진열된 상품에 대해 아무런 감동도 놀라움도 불러일으키지 못했다면 그 사람은 아무것도 안 사고 나갈 테니까요.

그런 일이 지속되면 고객은 그 점포로부터 멀어져 갈 것입니다. 그리고 지금보다 나은 신상품이 많고 즐거운 점포로 옮겨 가게 될 것입니다.

무조건 계속 신상품만 도입하라는 것이 아닙니다. 단골 술집, 밥집, 오래된 빵집, 유서 깊은 레스토랑 같은 데는 반드시 스테디셀러 상품이나 정겨운 서비스, '여기 가면 반드시 살 수 있어(먹을 수 있어)' 같은 약속된 상품이 있습니다. 사람은 신기한 것을 좋아하는 반면, 익숙한 것에 깊은 애착도 가집니다. 사람은 만나면 만날수록 상대방의 얼굴을 좋아하게 된다는 뇌의 활동도 있다고 합니다. 하지만 오랫동안 사귄 연인이나 부부간에는 신선함이 줄어들어 자연히 대화의 횟수도 줄어드는 것 또한 사실입니다.

그럼 신선함에는 무엇이 필요할까요?

익숙한 애착이 있는 스테디셀러 상품은 잘 지키면서도, 조금은 '아,

이런 것도 있었네' '이거 새로운데' '신선하네'라는 놀라움이나 즐거움의 요소도 섞어야 합니다. '언제 가도 어차피 똑같은 상품뿐이겠지'가 아닌 '언제 가도 어딘가 새로운 발견이 있네' 하는 편이, 사람들이 또 가고 싶어지도록 하는 감각을 불러일으키기 때문입니다.

'순조로운 매출'은 결코 우연의 산물이 아닙니다. 상품개발, 매입, 판매결과는 엄밀한 인과관계로 이어져 있습니다.

점주께서는 나날의 숫자뿐 아니라, 1년 전이나 2년 전 데이터, 방문한 고객의 동선이나 표정, 구매하는 상품을 잘 관찰해 보세요.

막연히 상품을 만들고, 막연히 발주를 하고, 막연히 점포에 진열한다. 이래서는 아무리 긴 시간 동안 점포를 열고 있어도 고객은 기뻐하지 않습니다.

실용성 × 놀라움과 즐거움 = 잘 팔리는 점포가 됩니다.

잘 팔리는 점포는
길 건너편에서 알 수 있다

그럼, 여기서부터는 좀 더 구체적으로 점포 만들기의 현장을 살펴보겠습니다.

제가 편의점 업계에 뛰어든 것은 지금부터 약 40년 전 일입니다. 대학졸업 후, 증권회사에서 일하고 있던 저는 숫자만 쫓아다니는 일이 아무래도 성에 차지 않아 고민하고 있었습니다. 그때, 지인에게 '편의점이라고 하는 새로운 점포가 생겼다'는 이야기를 들었습니다. 미국에서 생겨난 것이지만, 일본에서 새롭게 독자적으로 시작해 급성장하고 있다는 이야기였습니다. 원래 새로운 것에 대한 호기심이 강했던 저는 '와 보지 않을래?'라는 제안에 끌려 막 생겨난 세븐일레븐재팬에 입사했던 것입니다.

입사 후에는 본사에서 점포에 파견되어 현장 직원으로 연수를 했습니다. 점포의 청소, 진열, 발주, 카운터 업무 등 하나하나 업무를 배웠습니다.

그런데 어느 날, 본부에서 시찰 나온 상사(저를 이 업계에 불러 주신 분이었습니다.)가 앞뒤 가리지 않고 화를 냈습니다.

제가 진열했던 상품의 진열이 흐트러져 있다는 것입니다. 제 나름으로는 깨끗이 잘 진열했다고 생각했지만, "페이스업[25]이란 밀리미터 단위로 하는 거야!"라는 호통과 함께 커피상자가 날아왔습니다.

순간적으로 피했지만, 그 경험으로부터 내 스스로는 '깨끗이 잘 진열했다고 여기는 것'이, 남이 봤을 때 반드시 '깨끗이' 되었다는 수준에 도달하지 않는 경우도 있다는 것을 알게 되었습니다.

그 이후로, 점포의 체크는 항상 고객의 시선에서 하려고 합니다. 확실히 고객의 시선으로 보면, 바닥도 벽도 상품도 인정사정없이 보게 됩니다. 예상치 못한 곳에 먼지가 쌓여 있거나 벽지가 벗겨져 있는 것도 발견하게 됩니다. 그것이 직원의 시선으로 바뀌는 순간, 이 모든 것이 보이지 않게 되니 신기하기 그지없습니다.

그로부터 40년이 지난 지금도, 저는 매일 아침 일과처럼 2~3점포를 돌고 나서 출근하고 있습니다. 오랫동안의 습관으로부터 깨닫게 된 것은, 점포의 레벨은 이미 점포 바깥에 나타나 있다는 것입니다. 즉 점포에 들어가지 않아도 그 점포가 잘되는 점포인지 아닌지 알 수 있습니다.

---

25) 전진입체진열이라고 하며, 진열된 각 상품을 맞추어 보기 좋게 정렬하는 것을 이른다.

만일 점포를 운영하고 있는 분이라면, 한번 시험 삼아 길 건너편에서 점포를 살펴보십시오. 평소에 열심히 청소하고 있다고 생각했겠지만, 고객의 시선으로 보면 간판이 먼지투성이거나 유리창에 전날의 빗자국이 남아 있습니다.

그런 점포는 유감스럽게도 다른 모든 업무 레벨도 높지 않습니다. 편의점의 경우라면, 아마도 출입문의 손잡이가 더러워져 있고, 시식공간이나 커피코너의 테이블에도 음식찌꺼기가 남아 있을 겁니다. 그리고 그런 점포의 직원이 친절하고 활기차거나, 상품의 진열이 제대로 되어 결품이 없는 그런 상태란 있을 수 없는 일입니다.

편의점만이 아니라 모든 소매업, 서비스업에 공통된 것이지만, 점포의 '청결'과 직원의 '친절'은 기본 중의 기본이며 아무리 철저히 해도 지나치지 않습니다.

'그 정도는 얘기 안 해도 다 알아'라고 하실지 모르겠습니다. 하지만 이것을 100% 실천할 수 있는 사람은 도대체 얼마나 있을까요? 예전의 제가 그랬습니다. 보통 생각해 보면 '청소' '정리'는 잘되어 있었을 것입니다. 하지만, 이 일을 하는 한 '보통'의 생각으로는 충분하지 않습니다.

같은 체인의 점포라도 어딘가 어둡고 활기가 없는 점포가 있는가 하면, 들어간 순간 기분 좋은 활기에 휩싸인 점포도 있습니다. 직원이 활발하게 움직이고 상품이 모두 나를 향해 반기는 에너지가 느껴지는 점포입니다.

그것은 단순히 분위기의 문제가 아니며 더군다나 조명의 문제는 더욱 아닙니다. 얼마만큼 완벽하게 '청결' '친절'을 추구할 수 있을까 하는 것의 차이입니다. 거기에는 그 점포가 얼마만큼 진지하게 장사를 하고 있는지 바로 그 자세가 나타나기 때문입니다.

당연한 일의
중요함

    맛은 좋지만 청소가 제대로 안 된 음식점, 물건이 어수선하게 놓여 있는 잡화점, 단지 책이 진열만 되어 있는 서점, 예의 바르기만 하고 성의 없이 접객하는 호텔 같은 곳이 있습니다. 일하는 직원들에게는 그것도 일상사가 되어 버렸는지도 모르지만, 고객들은 대체로 직원들이 눈치채지 못한 더러움이나 먼지, 말투까지 알아차립니다.

    예전에 아시아 어느 나라의 편의점에서 겪었던 일입니다.

    출입문, 바닥, 냉장진열대, 상품진열대 어느 것 하나 관리가 안 되고, 아이스크림케이스에는 성애가 몇 센티미터나 얼어붙어 있었습니다. 하루 이틀에 생긴 성애가 아니라는 것은 한눈에 알 수 있었습니다. 맥주, 음료의 진열대는 결품투성이고, 신상품에는 안내POP가 없고, 도시락 같은 푸드 아이템을 진열하는 냉장진열대에는 도시락이

하나도 없었습니다. 도시락 대신에 진열되어 있었던 것은 극히 적은 숫자의 반찬이었습니다. 하지만 원래 반찬류와 도시락류는 관리하는 온도대가 다릅니다. 거기에 진열된 반찬은 적절한 온도에 진열된 것이 아니어서 살펴보니 맛이 없을 것 같은 상태가 되어 있었습니다.

심야 시간대에 방문한 다른 점포에서는 직원이 점포의 커피를 마시고 판매하는 잡지를 마음대로 읽고 있는 장면을 본 적도 있었습니다. 편의점이나 접객업 운운하기 이전에 무릇 일을 하는 사람의 태도가 아니었습니다.

그럼에도 이 편의점체인은 이 나라에서 급성장하고 있었습니다. 왜일까요?

이유는 간단합니다. 이 나라에서는 아직 편의점이 드물고 점포를 열어만 두면 고객이 들어와 물건을 사 주시는 좋은 환경이었기 때문입니다.

지금은 이 정도로 심한 점포는 많이 없어졌을지도 모릅니다. 더구나 일본에서 이렇게 장사를 한다면 바로 망할 겁니다. 편의점이라면 길만 건너가면 바로 있기 때문에 이 점포에 꼭 가야 할 이유 같은 것은 없습니다.

점포의 겉모습은 그대로 숫자로 직결됩니다. '더러워도 줄 서서 기다리는 점포' 같은 것은 극히 일부의 현상으로, 보통은 있을 수 없는 일입니다. 더군다나 내가 하는 장사가 그런 일이 가능하리라 생각하는 것은 커다란 착각입니다.

점포가 가장 깨끗하고 빛나는 최고의 상태는 오픈 날 하루뿐, 손질을 게을리하면 사람의 출입이 많은 업태인 만큼 눈 깜짝할 사이에 더러워집니다.

　그런 당연한 일에 얼마나 신경을 쓸 수 있는가? 이것이 '잘 팔리는 점포'의 기본적 조건이라 할 수 있습니다.

사람은 돈을 건네는 인간을
무의식적으로 보고 있다

———

당신이 모르는 동네에서 상처를 입어 병원에 실려 갔다고 합시다. 고통을 더 이상 참을 수 없을 때쯤, 겨우 의지할 수 있는 의사가 나타났습니다. 하지만 이 의사의 모습을 보니 머리카락은 부스스하고 더러운 티셔츠 차림입니다. 그것을 본 당신은 한숨을 돌리며 안심하시겠습니까? 아니면 갑자기 불안해질 것 같습니까?

저라면 확실히 후자입니다.

의사의 본분은 진단과 치료의 실력입니다. 하지만 눈앞에 있는 의사가 실력이 있는지 아닌지는 겉모습만 보고는 알 수 없습니다. 의사나 간호사는 제대로 된 청결한 흰 옷을 입어야 비로소 환자에게 안심감을 줄 수 있는 것입니다.

사회인이 단정한 옷차림에 신경을 쓰는 것도 같은 이유입니다. 사람은 겉모습이 전부는 아닙니다. 하지만 첫 대면에서 받는 인상은 중요합니다. 더군다나 비즈니스맨이나 점포 직원, 서비스에 종사하는 사람이라면 그 사람이 어떤 사람인지 판단하게 되는 첫 계기는 단정한 옷차림이나 행동거지, 표정 등입니다.

점포에서 고객과 일상적으로 접하는 사람이 정해진 유니폼을 입고 단정한 옷차림을 하는 것은 당연한 일입니다. 아까 이야기한 나라의 편의점에서는, 직원이 유니폼을 입지 않는 일도 자주 있어서 지급했는데도 왜 입지 않느냐고 물어보니 '세탁비가 아까워서요'라는 대답을 들은 적도 있습니다. 그래서 세탁비도 본사에서 부담하는 것으로 정했다는 이야기도 있습니다.

편의점에서 사람의 목숨을 잃지는 않습니다.

하지만 중요한 돈을 잃고 있습니다. 아무리 몇백 엔 정도의 작은 쇼핑이라 하더라도, 돈은 생명 다음으로 중요한 것입니다. 그 중요한 돈을 건네주는 상대방이 부스스한 머리카락이나 형편없는 옷차림이라면 기분 좋을 사람은 아무도 없습니다. 사람들은 무의식적으로 카운터 안에 있는 직원의 인상을 보고 있는 것입니다.

출점 후보지는
어떻게 정하나?

———

일을 대하는 자세 다음 이야기는, 점포의 입지조건입니다.

새로 점포를 오픈할 때 우선 생각해야 할 것은 '어디에 출점할까?' 라는 문제입니다.

출점 후보지로 바로 거론되는 것은 '가능하면 사람들의 통행이 많은 지역에 점포를 내고 싶다'는 것이겠지요. 사람들의 왕래가 많은 터미널, 승하차가 많은 역 앞, 사람들의 통행이 많은 도심의 대로변, 대학교나 사무실로 사람이 붐비는 동네 등입니다.

그런 인기 지역은 대체로 임대료나 토지가격이 대단히 비쌉니다. 아무리 사람이 많아도 매출의 대부분을 임대료로 낸다면 제대로 운영이 될지 걱정됩니다.

그렇다고 사람들의 통행이 거의 없는 장소에 점포를 오픈해도, 고객이 온다는 보증은 없으므로 불안한 출발을 하게 됩니다. 물론 사람의 통행이 적은 장소에 점포를 내도, 나름대로의 전략을 세우면 어느 정도의 고객은 예상할 수 있을지 모르겠지만, 임대료를 지불하고 점포인테리어를 하여 집기를 갖추고 드디어 오픈했는데 파리가 날리는 날이 몇 개월이나 계속되는 상황이면 차마 눈 뜨고 볼 수 없을 겁니다.

같은 문제가 편의점 업계에도 항상 따라 다닙니다. 어디에 새 점포를 오픈할 것인지, 점포개발의 문제는 앞으로도 더욱더 절실한 문제가 될 겁니다.

2018년 현재, 일본의 편의점은 전국에 55,000점 정도로 각 편의점이 새로운 출점 후보지의 쟁탈전을 벌이고 있는 상황입니다. 아무 데나 오픈하더라도 편의점이 인기가 있던 시대는 지났고, 도심에서는 '또 편의점이 생겨?'라고 여겨질 만한 상태입니다.

예전에는 '일본 편의점은 5만 점을 넘으면 포화상태가 되어, 업계 전체가 정체될 것이다'라는 말들이 많았지만, 지금까지 그렇게 되지 않은 이유는 편의점의 상권이 작기 때문입니다. 현재 편의점의 상권은 평균 500미터로 여겨지고 있습니다. 즉 대략 500미터만 걸어가면 다른 편의점이 나타난다는 것입니다. 그럼에도 장사가 되는 이유는, '가까우면 가까울수록 좋다'는 소비자의 니즈가 있기 때문입니다.

일반적인 고객에게 '편리한 편의점'이란 어떤 입지의 점포일까요?

그것은 아침에 집을 나올 때 가장 빨리 들를 수 있는 점포이며, 근무처나 학교의 바로 옆에 있는 점포입니다. 누구든 짐을 들고 긴 거리를 걷고 싶지 않습니다. 그렇다면 이 콘셉트에 맞는 입지는, 무조건 역 앞이나 사람의 통행이 많은 장소가 아니어도 많이 있을 터입니다. 주택지나 학교, 회사 근처, 지방이라도 사람들이 모이는 입지 같은 여러 후보지가 떠오를 것입니다.

어떤 사람들이 우리가 시작하려는 이 장사에 흥미를 가져 줄지, 우리가 제공하는 서비스를 좋아할 고객들은 어디에 있을지, 어떻게 이용될지, 목적을 가지고 방문하는 사람이 많을지, 지나가던 사람이 불쑥 들어올 수 있을지 등을 점포를 새롭게 오픈할 경우에는 잘 생각해 보아야 합니다. 앞서 얘기한 콘셉트만 생각해 봐도, 입지는 바뀝니다. 이런 관점에서 살펴보면 '번화가 = 장사대박'이라는 단순한 생각에서 벗어날 수 있습니다.

더불어 편의점의 경우는, 가까우면 가까울수록 좋다고 했지만, 편의점의 재미있는 점은 길 하나 차이로 상권이 달라진다는 점입니다.

이쪽 길에 편의점이 있는데 길 건너편에 새로 편의점이 생기는 일도 있습니다. 그런 경우 두 편의점 사이의 거리는 매우 가깝지만, 그래도 고객은 오게 됩니다. 극단적으로 얘기하면 길거리 이쪽 편과 저쪽 편에 마주 보는 편의점이 두 점포 있어도 수요는 있습니다. 왜 그럴까요?

집에서 역까지 곧바로 가고 싶은데, 편의점은 신호등이나 건널목 건너편에 있다면 시간이 없는 현대인에게는 적지 않게 스트레스가 되기 때문입니다. 이쪽에 있으면 신호등이나 건널목에서 기다릴 일도 없고 빨리 살 수 있을 텐데 하고 느끼는 것입니다.

돈이 되는 상품개발

편의점은 점포에서 체류하는 시간이 적어서 더욱더 그렇게 느껴질지도 모릅니다. 서점이나 카페, 슈퍼마켓이 길 건너편에 있더라도, 20분, 30분, 1시간 정도 체류하는 것이 보통인 점포라면 1~2분, 신호등이나 건널목에서 기다리는 것은 그렇게 스트레스가 되지 않습니다. 하지만 '겨우 담배 한 갑 사는데, 1분이면 끝나는데'라는 사람에게 신호등이나 건널목의 대기시간은 대단히 아깝게 느껴집니다.

조심해야 할 것은 가깝기만 하면 어떤 점포라도 오케이는 아니라는 것입니다. 가까운 편의점이라도 맛있는 도시락이 없거나 상품구색에 만족할 수 없으면, 고객은 길 건너편 편의점에 가 버립니다. 입지에만 의존하는 장사는 실패할 수밖에 없다는 것도 반드시 기억해야 합니다.

고객을 빼앗는다는
생각을 버린다

입지에만 의존하는 장사는 실패한다고 했지만, 장사가 안 되는 이유를 입지가 나빠서라고만 생각하는 것도 잘못입니다.

예전 어떤 점포의 이야기입니다. 그 점포는 입지라는 측면에서 보면 결코 유리하다고 할 수 없는 지역에 있었습니다. 무엇보다 그 점포 건너편 정면에는 서클K선쿠스 편의점이, 50미터 앞에는 로손 편의점이, 그리고 100미터 앞에는 세븐일레븐이 있었기 때문입니다. 하지만 새로 문을 연 그 점포는, 약국과 합쳐진 일체형 점포였기 때문에 주위의 편의점들과는 일단 차별화되어 있었습니다.

그런데 이번에는 바로 옆에 그 점포의 2배 이상의 면적을 가진 슈퍼마켓이 생겼습니다. 주위 사람들은 모두 '이제 이 편의점은 망하겠구나' 하고 수근거렸다고 합니다.

그러나 주위의 예상과 달리 이 점포는 그 이후로도 줄곧 전년 대비 플러스로 매출신장을 계속 이어 갔습니다. 어떻게 그럴 수 있었을까요?

철저히 점포의 상품을 엄선하는 전략을 취했기 때문입니다.

예를 들면 같은 브랜드의 음료가, 옆의 슈퍼마켓에서 80엔대에 팔고 있다면 이쪽 편의점에서는 120엔에 팔고 있었습니다. 혹은 옆의 슈퍼마켓에서는 샴푸가 수십 종류 진열되어 있는데도 이쪽 편의점에서는 몇 종류밖에 진열하지 않았습니다. 옆의 슈퍼마켓에서는 '특별 할인판매' POP를 붙이고 대용량 세제를 산처럼 쌓아 놓았는데 이쪽은 특별히 세일상품을 내놓지도 않았습니다.

얼핏 보면 불리한 점만 보이지만, 애초에 '고객을 빼앗는다'는 생각을 버린 것입니다.

대용량 상품을 원하는 사람, 가능하면 싸게 사고 싶은 사람은 옆의 슈퍼마켓에 가면 됩니다.

그 대신 이쪽 점포에서는 굳이 똑같은 상품이라도 작은 사이즈를 준비하거나 슈퍼마켓에서는 절대 살 수 없는 '편의점 전용' 상품에 노력을 기울이는 등 연구를 거듭했습니다. 편의점의 상품과 슈퍼마켓의 상품을 합쳐서 독자적인 판매코너를 만들기도 했습니다.

두 마리 토끼를 쫓다가는 한 마리도 못 잡는다는 속담도 있습니다. 모든 고객들이 좋아할 만한 평균적인 상품구색을 갖추면 어떤 고객도 좋아하지 않습니다. 우리 점포만의 타깃을 좁히는 편이 그 고객들의 가려운 곳까지 긁어 줄 수 있습니다.

노력하고 연구하며 머리를 쓰지 않으면 경쟁상대에게 질 수도 있습니다. 불리한 입지에서 장사가 잘 안될지도 모릅니다.

하지만 그들에게는 없고 우리에게만 있는 강점을 찾아내 그것을 강화해 나가면 반드시 돌파구는 있습니다.

점포경영은
육아와 비슷하다

———

　하나의 점포를 출점해 운영해 나가는 것은 아이 키우기와 비슷하다고 생각합니다.

　어느 입지에 출점할 것인가를 생각하는 점포개발은 아이를 낳는 역할이며, 아이를 키우는 역할은 점주를 포함한 현장 직원들입니다. 상품팀은 그 아이에게 영양을 공급하고 운영팀은 아이에게 맞는 교육을 합니다.

　아이는 각각 체격이나 성격, 기질이 다르듯이, 점포도 그 점포만의 특성이나 성격이 있습니다. 체인비즈니스사업에 있어서도 개별점에 맞는 상품구색이나 판촉을 하지 않으면, 그 아이가 정말로 필요로 하는 영양이 공급되지 않아 건강하게 자랄 수 없습니다.

　역 내, 역 앞, 사무실 지역, 대학 내, 주택가, 로드사이드, 공항, 관광지 등 입지는 제각각이며, 어디에 있는 점포인가에 따라 당연히 상품 구색은 바뀝니다. 비즈니스맨이 필요한 상품과 대학생이 필요한 상품, 혹은 주부가 원하는 상품이나 여행자가 필요한 상품은 당연히 다르기 때문입니다.

편의점에서는 그 체인에서 취급하는 상품, 즉 '등록 아이템'이라는 것이 있고 그 종류는 수천 개에 이릅니다.

하지만 실제로는 그 모두를 한 점포에 진열하는 것은 공간적으로도 불가능합니다. 점포에서 어떤 상품을 선택하면 다른 어떤 상품은 빼야만 합니다. 점주는 자기 점포의 성격을 이해하여 어느 상품을 진열하면 우리 점포의 고객들이 좋아할지 지혜를 짜내야만 합니다.

대학 내에 있는 편의점이라면 대학생들이 무엇을 원하는지 알아야 하며, 터미널 내에 있는 편의점이라면 여행객이 필요로 하는 물건을 관찰하는 눈이 필요합니다.

그런 의미에서는 프랜차이즈를 전개하는 점포라 하더라도, 어디까지나 경영에 대해 연구하는 것은 그 점포의 점주를 비롯한 현장 직원들이며 본부의 사람들은 만반의 준비와 지원을 하는 것일 뿐 현장의 점포 만들기의 힘이 없어서는 안 됩니다.

체인점이 아니라면 더욱더, 수요와 공급의 체크를 정확하게 해야 합니다.

어떤 케이크가게가 오픈했습니다. 유럽풍의 맛있는 케이크가게입니다. 맛이 좋고 평판도 좋아 오픈 시에는 상당히 화제가 되었습니다. 그런데 이 점포는 개점 후 1년도 되지 않아 폐점하게 되었습니다.

돈이 되는 상품개발

틀림없이 멋지고 맛있는 케이크였지만, 입지와 판매방법에 문제가 있었습니다.

그곳은 주택가도 아니고 그렇다고 역 앞같이 유동인구가 많은 장소도 아니었습니다. 일종의 관광지 같은 곳으로 그럭저럭 사람이 모이는 장소였지만, 매일 반드시 그곳을 들르는 사람은 적은 일회성 고객이 많았습니다. 즉 일상적으로 그 가게의 케이크를 사는 단골손님이 생기기 어려운 장소였습니다. 더욱이 그 점포에는 시식코너가 없었습니다. 근처의 커피숍은 점포 앞에 의자와 테이블을 설치해 한숨 돌리며 쉴 수 있게 해 두었지만, 이 가게에는 의자도 테이블도 없었습니다. 또 그런 장소에서 먹을 수 있도록 일회용 접시나 플라스틱 포크도 준비하지 않았습니다. 고객이 사서 들고 가는 테이크아웃만 생각해 세심한 서비스나 배려가 없었습니다.

결과적으로는 '지금 여기서 먹고 싶은' 사람은 놓치고, '맛은 좋지만 여긴 잘 안 오는' 사람만 많아, 고정고객이 생기지 않았습니다.

점포를 경영하는 것이 아이 키우기와 비슷하다는 것은 이렇기 때문입니다. 아무리 무사히 출산하고 영양을 잘 공급해도 아이에게 알맞은 환경을 갖추지 못하면 건강하게 성장하기 어렵습니다.

'가설과 검증'이
잘 팔리는 점포를 만든다

———

점포를 오픈해 전단지를 돌리고 우리 점포 이용이 예상되는 고객을 확인해 상품을 발주합니다. 처음에는 긴장감에 시행착오가 있기도 하지만, 점포운영이 제 궤도에 오르기 시작하면 어떤 종류의 생각에 함몰되기 시작합니다.

'고객이 오는 것은 당연하다'고 생각해 버리게 됩니다. 애초에는 '고객이 정말 올까?' 하는 불안함에 휩싸여 있었지만, 금방 점포에 고객이 있는 모습이 당연하게 느껴집니다.

하지만, 그것은 착각에 지나지 않습니다.

원래 '고객은 오지 않는 것이 당연한 것'입니다. 다른 점포에도 비슷한 상품을 비슷한 가격에 팔고 있는데, 일부러 우리 점포에 와서 상품을 산다. 이것을 '당연하다'고 생각해서는 안 됩니다.

소매업은 형태의 차이는 있지만, 세계 공통의 마인드로 성립됩니다. 그것이 '고객은 오지 않는 것이 당연하다'는 전제이며, 그 당연히 오지 않는 고객을 어떻게 우리 점포로 끌어당겨서 상품을 보게 하고 물건을 가지고 카운터까지 오게 할 것인가 하는 것에 모든 지혜를 짜내야 합니다.

생각한 것을 실험해 잘 팔리면 기쁘지만, 팔리지 않으면 자신이 생각했던 '가설'의 어디가 잘못되어 있었던가를 다시 생각해 새로운 방법으로 실험해 봅니다. 이 일련의 과정을 '가설과 검증'이라고 부릅니다.

상품을 눈앞에 단지 진열만 해서는 고객은 오지 않습니다. 팔릴 거라고 생각한 그 이유를 명확히 이해해 가면서 발주를 하고 진열을 해서, 실제로 팔리면 좋고 팔리지 않으면 그 이유를 생각합니다. '안 팔리네…'로 끝나는 것이 아니라, 자신의 가설의 어느 부분이 문제였는지 철저히 분석해 검증하고, 새로운 가설을 세워 발주하는 일을 반복하는 것 외에 다른 방법이 없습니다.

또 50대 남성 직원이 생각하는 '좋아요'는 20대 여성 고객도 '좋아요'라고 느낄 수 있을까요? 반대로 20대 아르바이트가 '잘 팔릴 것'이라고 생각해 발주한 상품 중에 50대 고객을 끌어당길 수 있는 상품이 있을까요? 여러 고객이 오는 점포의 경우, 발주하는 사람이나 상품을 매입하는 사람은 자기 이외의 사람들이 어떤 기호와 생각, 기대를 가지고 있는지 날마다 잘 관찰하며 생각해 보아야 합니다.

이것은 소매업뿐만 아니라, 서비스업, 요식업도 마찬가지입니다.

'잘 팔리는' 상품이나 메뉴가 있는 점포는, 어쩌다 보니 우연히 생겨난 점포가 아닙니다. 모두 치밀한 데이터와 끝없는 '가설과 검증'으로 조금씩 천천히 만들어진 점포입니다.

　장사에 기발한 방법은 없으며, 당연한 일을 당연하게 하는 것 외에는 다른 방법이 없습니다.

　　　　　　　　　　　　　　　　　　　돈이 되는 상품개발

발주작업의 열쇠는 '단품관리'

어느 점포의 오픈을 앞둔 준비시점의 일입니다. 점포를 돌아보니 상품의 진열이 전부 이상했습니다.

도시락을 진열하는 냉장진열대에는 네 아이템밖에 진열할 공간이 없는데도, 다섯 아이템이나 발주가 되어 있었습니다. 나머지 한 아이템은 도대체 어디에 진열할 작정일까요?

아이스크림 케이스에는 잘 팔리는 하겐다즈가 한 줄밖에 없고, 다른 상품만 잔뜩 진열돼 있었습니다.

와인을 전면으로 내세우는 상품진열대를 일부러 설치했는데도, 정작 중요한 와인은 가장 앞줄에 한 줄밖에 재고가 없고 뒤쪽 진열공간은 텅 빈 채였습니다. 일상용품의 진열대에는 잘 팔리는 보습크림은 없고 수건은 흰색밖에 없습니다.

그 장소에서 발주를 하는 직원에게 어떤 생각으로 발주업무를 하고 있는지 물어보았지만, 예상대로 아무 생각 없이 기계적으로 작업을 하고 있었습니다.

발주작업이란 극히 고도의 업무입니다. 그 점포의 얼굴이 되는 상품을 엄선해 주문하는 일이며, 잘못된 타성이나 애매한 생각으로 하는 작업이 아닙니다. 하지만 그것을 모르는 직원이 아직도 있습니다. 한 개가 팔리고 다시 그대로 한 개를 발주한다면 발주기계와 마찬가지입니다. 거기에는 어떤 고민도 상상력도 없습니다. 그것은 '내일은 오늘과 똑같은 날'이라는 것을 전제로 하는, 아무 생각 없는 발주에 지나지 않습니다.

당연히 내일과 오늘은 다른 날입니다. 날씨도 다르고 기온도 다르며 요일도 다르고 방문하는 고객도 다릅니다. 오늘은 오늘을 위한 발주가 있고, 내일은 내일을 위한 발주가 있습니다.

편의점같이 진열할 수 있는 상품이 한정된 작은 점포의 발주는, 단품별로 충분히 잘 팔리는 상품을 이해하는 것에서 시작합니다. 무엇이 잘 팔리는 상품으로 반드시 발주해야 하는지, 그리고 무엇이 팔리지 않는 상품으로 삭제해야 하는 상품인지를 잘 파악하는 '단품관리(單品管理)'를 직원 모두가 이해하고 있는 것이 대전제가 됩니다.

'단품관리'는 장사에서 극히 중요한 개념이므로 좀 더 상세히 설명하겠습니다.

'단품관리'란 한마디로 '항상 엄선해 상품을 선택하는' 작업을 반복하는 것입니다. 우리는 소비자로서는 매일매일 무의식적으로 '단품관리'를 하고 있음에도 불구하고, 왠지 점포의 발주에서는 살리지 못하는 것이 신기한 일입니다.

예를 들면, 당신이 빵을 좋아한다면 아마 자기 취향에 맞는 빵이 있을 겁니다. 쫄깃쫄깃한 베이글, 폭신폭신한 식빵, 잡곡이 든 포만감 있는 빵 등 '빵이면 뭐든지 괜찮지'가 아니라, '오늘은 그 빵을 먹어야지'라는 생각으로 점포를 향하게 될 테지요. 혹은 고기라면 '오늘은 소고기 먹고 싶어' 생선이라면 '오늘은 고등어 사야지' 과일이라면 '배 먹고 싶어' 케이크라면 '저 케이크집의 몽블랑이 먹고 싶네'라는 것처럼 마음에 드는 가게의 좋아하는 상품을 원해서 점포로 향합니다. 그것이 '단품관리'의 정신입니다.

그럼에도 점포에서 일하다 보면 쉽게 생선코너, 정육코너, 과일코너, 과자코너라는 큰 카테고리로 상품을 파악하고, 그 코너를 메우기 위한 발주를 해 버리기 쉽습니다. 소비자가 정말로 원하는 것은 단순히 '생선'이나 '고기'가 아니라, 고등어나 갈치, 연어, 돼지고기 삼겹살이나 소고기 안심 등의 '단품'임에도 말입니다.

예를 들면, 포테이토칩 코너가 있습니다. 소비자로서 우리들은 '○○○포테이토칩을 먹고 싶어'라는 욕구를 가지고 코너로 갑니다. 그런데 발주자로서는 막연히 '포테이토칩'이라고만 생각해 발주한다는 것은 '단품관리'의 개념에서 벗어난 것입니다.

만일 점포 오픈 당시에 10종류의 포테이토칩을 진열했다 하더라도 10종류 모두가 똑같이 잘 팔리는 것은 아닙니다. 그중 20%는 반드시 '그다지 팔리지 않는 상품'이 됩니다. 그러면 그 20%를 삭제하고 더 잘 팔리는 상품으로 진열해야 합니다.

'단품관리'에서 어려운 점은, 만일 그중에서 잘 팔리는 80%의 상품만 남겼다 하더라도, 반년 후나 일 년 후에는 여기서 또 다시 20%의 '팔리지 않는 상품'이 나온다는 것입니다. 사람들의 기호가 바뀌거나 시장이 변하거나 계절이 바뀌거나 해서 고객 취향도 변화해 가기 때문입니다. 처음에는 잘 팔리는 상품으로 구성한 진열대도 몇 개월 후에는 안 팔리는 상품으로 넘쳐 나게 되는 것입니다. 고객의 니즈와 점포가 제공하는 상품에는 반드시 격차가 생기고 그것을 지속적으로 파악하여 상품의 신진대사를 실시하는 것, 이것이 '단품관리'의 콘셉트입니다.

반복해서 말하지만, 소비자는 막연히 포테이토칩을 찾는 것이 아니라 'ㅇㅇㅇ포테이토칩'을 먹고 싶은 것이며, 컵라면이라면 '××업체의 △△△컵라면'을 먹고 싶은 것입니다.

또 반대로 처음에는 15종의 샐러드를 진열할 공간을 준비해 두었다 하더라도, 최근 샐러드의 수요가 갑자기 늘어나고 있다면, '샐러드는 15종의 진열 공간밖에 없다'가 아니라, 단숨에 30종의 샐러드를 진열할 판단을 하는 것도 '단품관리'의 사고입니다.

발주작업은 유통업에서 가장 중요한 의사표현이며, 절대 결품을 보충하는 반복작업 같은 게 아닙니다. 발주작업에는 충분한 시간을 두고 상품을 단품별로 판별하는 눈을 길러야 합니다. 일손부족으로 발주도 뜻대로 안 된다는 현장도 있을지 모르지만, 팔리지 않는 상품은 아무리 진열해 두어도 매출로 이어지지 않습니다. '잘 팔리는 상품'을 제대로 발주해야만 의미가 있습니다.

'죽은 상품'은
집세를 내주지 않는다

———

상품에는 두 종류가 있습니다.

판매가 좋은 '잘 팔리는 상품'과 좀처럼 팔리지 않는 '죽은 상품'입니다.

모든 상품을 진열할 수 있을 정도로 매장이 넓으면, 좀처럼 팔리지 않는 상품도 '언젠가 팔릴지도 모르지'라고 기회를 노릴 여유가 있을지 모르지만, 편의점 같은 소형점에서는 잘 팔리는 상품과 안 팔리는 상품이 혼재해 있는 것은 용납할 수 없습니다.

예를 들자면 '죽은 상품'은 집세를 내지 않는 세입자와 같습니다. 자신이 아파트를 여러 채 가진 임대사업자라고 생각해 봅시다. 세입자 A, B, C는 매월 집세를 제대로 내는 좋은 세입자이지만, 세입자 D, E는 몇 개월이나 집세를 체납하고 있습니다. 장소만 차지하고 집세 수입이 들어오지 않습니다. 당신이 집주인이라면 그대로 그 집을 D나

E에게 계속 빌려주시겠습니까?

만일 그 세입자가 나가면, 대신에 제대로 집세를 내는 새로운 '잘 팔리는 상품'이라는 세입자가 들어옵니다.

'모처럼 입주했는데 나가게 하는 건 아깝잖아. 기다리면 언젠가는 집세를 낼지도 모르는데'

이렇게 생각하는 집주인이 있을까요?

하지만 점포의 주인으로서는 이것과 똑같이 생각하는 사람이 많습니다.

'상품을 폐기하다니 너무 아깝잖아. 기다리면 언젠가는 팔릴지도 모르는데'라고요. 폐기로스가 두려워 팔리지 않는 상품이라 하더라도 계속 진열해 둡니다. 그렇게 하면 지금 이 순간에도 기회로스가 발생하고 있을지도 모릅니다.

물론 저도 '팔리지 않는 것은 모두 기계적으로 폐기하라'는 것은 아닙니다. 마음대로 발주해서 팔리지 않으면 자꾸 폐기하는 장사 방법은 제일 좋지 않은 방법입니다.

장사하는 사람은 '비정상적인 폐기'와 '정상적인 폐기'를 구별 짓도록 해야 합니다.

'비정상적인 폐기'라는 것은 지금 얘기하는 것처럼 아무 생각 없이 발주해, 대량으로 폐기하는 걸 말합니다.

'정상적인 폐기'란 '가설과 검증'의 흐름에서 판단한 필요불가결한 폐기를 말합니다.

장사를 하는 사람이라면 누구나 자신이 '잘 팔릴 거야!'라고 예상하고 확신한 상품이 실제로는 팔리지 않았던 경험이 있을 거라고 생각합니다. 누구라도 완벽하지는 않습니다. 이참에 발주 정밀도를 높여가는 노력을 하면 됩니다.

그럼 무엇이 문제인가요? 자신이 발주한 상품이 아무리 고민해 보아도 팔리지 않는 것이 판명되었는데도 '아까워서' 늑장을 부리며 계속 점포에 두는 것이 문제입니다. 팔리지 않았다면 재빨리 진열대에서 걷어 내고 이번에야말로 확실히 잘 팔리는 상품으로 진열대를 재구성해야 하는데도 그러질 않습니다. 이것은 스스로 장사를 방치하는 것이 아닐까요?

'정상적인 폐기'와 '비정상적인 폐기', 이 두 가지를 혼동하여 무조건 '폐기는 안 한다'는 방침으로 가면 결과적으로 그 점포는 큰 손실을 보게 됩니다. 만일 점포의 30%를 '죽은 상품'이 점령하고 있다면, 그 점포는 나머지 70%의 상품으로만 영업하고 있는 것이 되기 때문입니다.

'이 점포에는 좋은 상품이 많이 없네'라고 고객이 생각하면 점점 방문객 수가 감소하겠지요.

기회로스에도 두 종류가 있습니다. 첫 번째는 고객니즈가 있는 상품이 없는 것. 두 번째는 안 팔리는 상품이 계속 진열되어 있는 것입니다. 양쪽에 공통된 점은, 고객의 진정한 니즈를 무시한다는 점입니다. 고객이 원하는 상품, 사고 싶은 상품은 점포에 없고, 필요 없고 사고 싶지 않은 상품만 잔뜩 놓여 있다는 겁니다.

실제로는 그다지 팔리지 않는 상품이라도 매장에 진열되어 있으면 마치 '이 점포에는 상품이 풍부하게 진열되어 있네'라고 착각해 버리기 쉽습니다. 하지만 아무리 물건이 많이 있어도 고객이 필요로 하지 않는 상품만 잔뜩 있다면, 그것은 점포에 상품이 없는 것과 마찬가지입니다.

더러워져 혼탁한 수조에 아무리 깨끗한 물을 넣어도 수조는 좀처럼 투명해지지 않습니다. 막힌 곳을 뚫어 씻어 내고 새로 깨끗한 물을 부을 정도의 결심이 없으면 근본적인 해결은 되지 않습니다.

'일단 놓아두자'는 상품을
놓아두지 않는다

원래는 잘 팔리는 상품이 놓여 있어야 할 진열대에, 그 상품이 결품이 되어 일시적으로 그 상품 이외의 상품을 '일단 놓아두자'라는 식으로 진열하지는 않았습니까?

애당초 잘 팔리는 상품을 결품시켜서는 안 되지만, 만일 그렇게 된 경우에는 '일단 놓아두자'는 식의 진열대 구성은 반드시 조심해야 합니다.

진열대에 빈 곳이 있으면 바로 결품이라고 알게 됩니다. 하지만 '일단 놓아두자'는 식으로 다른 상품이 거기에 진열되면, 원래 거기에 놓여 있어야 할 잘 팔리는 상품이 결품되었다는 사실 자체를 잊어버리기 때문입니다.

그 결과, 점포에는 '일단 놓아두자'는 식의 어중간한 상품이 잔뜩 진열되어, 진짜 잘 팔리는 상품은 온통 결품이 나게 됩니다.

어묵이
다 팔린 이유

이전에 추운 겨울밤 9시경에 편의점에 갔더니 어묵이 3종류밖에 없었습니다. 함께 있었던 이는 어묵이 먹고 싶어서 편의점에 갔지만 좋아하는 종류가 없어서 아무것도 사지 않고 점포를 나왔습니다. 이것이 기회로스입니다.

왜 이 시간에 어묵이 없었는지 검증해 봅시다. '재고가 떨어지면 안 돼'라고 말하는 건 간단하지만 재고가 떨어지는 이유를 제대로 이해해야만 다시 재고가 떨어지는 일이 없을 겁니다.

첫 번째 이유는 발주 수량의 문제가 있습니다. 점포에서는 재고가 떨어지지 않도록 인기 있는 어묵 종류를 충분히 준비하고 사전에 조리해 두었을까요? 이 책임은 어묵의 발주담당자에게 있습니다.

두 번째 이유는 업무분담에 문제가 있었을 거라고 생각합니다. 이

시간대에 점포에는 아르바이트가 두 사람 있었습니다. 하지만 방문했을 때 상황을 보니, 어묵을 보충하도록 지시받지는 못했던 것 같습니다. 이것은 아르바이트의 업무분담을 관리하는 점장의 책임입니다.

세 번째 이유로는 이런 상황을 방치하고 있었던 점주, 점장, 본부에서 파견된 슈퍼바이저(점포관리자)의 업무 연계 문제입니다. 아마도 이 점포에서는 어묵이 다 팔려 품절되었던 것이 이날만은 아니었을 겁니다. 매일 상품이 점포에 제대로 배송되고 있는지, 발주량은 적정한지, 재고가 제대로 진열대에 보충되고 있는지, 아르바이트에게도 그것을 체크하는 역할이 주어져 있는지 등 이상의 세세한 것들이 제대로 이루어지고 나서야 비로소 점포에 진열된 상품이 매출로 연결됩니다. 우리는 이것을 심각하게 생각해야 합니다.

하지만 고객의 입장에서는 지금 이야기한 문제는 아무 관계없는 것입니다. 어묵을 먹고 싶을 때, 내가 먹고 싶은 어묵 종류가 없다는 것. 사실은 그게 다입니다. 왜 재고가 떨어졌는지, 누구에게 그 책임이 있는지 따위는 고객에게는 아무 관계없는 일이며 '이 점포는 어묵이 제대로 준비돼 있지 않은 점포네'라는 인상이 전부입니다.

'원래 있어야 되는 것이 없었다'는 고객의 실망감을 만회할 수 있는 찬스는 좀처럼 오지 않습니다. 부디 주의해야 할 과제입니다.

왜 음식을
품절시키면 안 되는가

———

편의점에는 많은 식품이 진열되어 있습니다. 하지만 그중에서도 카운터 옆에서 판촉을 하는 프랑크소시지나 가라아게, 프라이드치킨, 어묵 등의 푸드는 결코 품절시켜서는 안 되는 카테고리입니다.

극단적으로 말하자면, 두루마리휴지의 매출이 2배, 3배 되는 일은 오일쇼크라도 일어나지 않는 한 있을 수 없습니다. 초콜릿의 매출이 2배, 3배가 되는 일은 밸런타인데이가 아닌 이상 일어날 수 없습니다.

그런데 프라이드치킨이나 어묵 등의 푸드는 우리가 연구하기에 따라서는 하루에 1000개의 매출을 올리는 것도 불가능하지는 않습니다.

점심시간이 되면 고객이 줄을 서서 푸드를 사러 오는 것을 알면서도 프랑크소시지가 없거나 가라아게가 부족한 점포가 있습니다. 조리해 두었다가 안 팔리고 남아서 폐기를 하게 되는 것이 두려워, 적은 양밖에 준비해 두지 않으므로 그런 일이 벌어지는지도 모르겠습니다.

생각해 봅시다. 어묵이나 프라이드치킨, 프렌치프라이, 찐빵 등은 미리 사 두는 상품이 아닙니다. 사서 바로 먹고 싶은, 말하자면 '순간의 소비상품'입니다. 그런 상품의 하나로 예를 들어 프라이드치킨을 먹으려고 줄을 섰는데 아차 내 차례에서 '치킨이 다 팔렸습니다'라고 한다면 어떨까요? 당신이 그런 입장이라면 어떻게 생각할까요? 치킨을 먹을 생각에 벌써 입안에는 그 맛이 감돌고 있습니다.

'치킨이 없다면 찐빵으로 충분하지'라고 아무렇지도 않게 기분이 바뀌시나요?

그런 유감스러운 불상사가 두 번만 계속된다면, 다시는 그 고객은 그 편의점에는 오시지 않겠지요. 언제 가도 자신이 원하는 상품이 충분히 있는 제대로 준비된 점포로 갈 겁니다.

점포의 직원 입장에서 보면 '어쩌다 보니 오늘은 품절이 됐네'이지만, 고객에게는 '여기는 내가 사고 싶은 물건이 없는 점포'가 되어 버립니다.

푸드나 커피 등의 카테고리는 반복구매가 일어나는 견실한 아이템입니다. 매일 마시고 싶거나 혹은 주 2회는 반드시 먹는 등 습관이 되는 것이기 때문입니다.

점포에서 매출을 극적으로 올릴 수 있는 열쇠가 되는 카테고리는 푸드이며, 따라서 이 카테고리는 무엇보다 결품이라는 실수를 범하지 말아야 합니다.

명품이나 희소가치가 높은 상품은 '오늘은 완판되었습니다'라는 사태가 생겨도 괜찮을지 모릅니다. '1일 △개 한정'이라는 것이 일종의 가치가 되어 사람들의 구매의욕을 높이는 일도 있습니다.

하지만, 그렇게 희소성이 높은 것과 '원래 있어야 하는 것'과는 질이 다릅니다. 일반적으로 쉽게 손에 넣을 수 있는 상품이 점포 측의 단순한 부주의로 결품되는 일에 대해 고객은 엄격하게 판단합니다.

음식에 대한 불만은 깊게 남는다는 것을 머릿속에 잘 새겨 두어야 하겠습니다.

우천용 상품은
비 오는 날밖에 진열할 수 없다

———

　편의점은 슈퍼마켓에 비해 압도적으로 좁은 점포로 장사하고 있습니다. 그런 좁은 매장으로는 예를 들면 우천용 상품은 비 오는 날밖에 진열할 수 없습니다. 맑은 날까지 우산이나 비옷을 점포 앞에 진열해 둘 공간은 없습니다. 이것은 모든 소형점의 숙명이라고 말할 수 있을 겁니다.

　맑은 날은 맑은 날 팔리는 상품매장을 만들고, 비 오는 날은 비 오는 날 팔리는 상품매장을 만드는 것입니다. 흐린 날에는 흐린 날 팔리는 상품매장으로 바꿀 연구가 필요합니다.

　'편의점 업무에 관계된 사람은 기상청보다 더 욕심을 내서 매일의 날씨, 기온을 세세하게 분석하라'고 저는 항상 말하지만, 아마 편의점 이외의 업종에서도 날씨에서 비롯되는 사람들의 행동 변화에 대한 섬세한 배려가 필요할 겁니다.

예를 들어 백화점에 가면 비 오는 날은 우산용 커버가 준비되어 있습니다. 커피숍에 가면 '비 오는 날은 100엔 서비스' 같은 종이가 붙어 있는 점포도 있습니다. 가만히 있어도 비 오는 날은 우울합니다. 거기에 따뜻한 배려가 있다면 소비자에게는 기쁜 일입니다.

'내일은 어떤 날씨이고 사람들은 어떤 옷을 입고 거리에 나설까?'
'어느 정도 목이 마를까?'
'어느 정도 몸을 녹이고 싶을까?'

그런 일을 매일 생각하면서 점포에 나서야 합니다.

저는 일기예보, 기상정보에서 항상 눈을 떼지 않았기 때문에 과거 수십 년의 큰 기후변화는 모두 머리에 들어 있습니다. 어묵이나 프라페 등 계절상품의 CF를 언제 대대적으로 내보낼 것인지 플래카드를 걸지 등 판촉활동에도 기상정보는 크게 영향을 주기 때문입니다.

점포에서 일하는 직원들도 앞으로 일주일 정도의 날씨는 확실히 알지 못해도 내일의 날씨라면 비교적 예상하기 쉬울 겁니다. 내일 비가 온다면 우산의 발주는 대폭 늘리고 젖은 신발로 방문하시는 고객들을 위해 꼼꼼하게 바닥 청소를 하는 그런 것은 개개인의 배려의 문제이기도 합니다.

편의점은 다른 유통에서는 볼 수 없는 '다빈도 배송'이라는 시스템이 만들어져 있습니다. 면적이 좁은 편의점이지만, 취급하는 상품은 방대합니다. 그 몇천 개나 되는 아이템 수의 재고를 각 점포가 보관해야 한다면, 점포보다 큰 공간의 창고가 필요하게 됩니다. 그래서 편의점 각 사는 지역별로 일괄해서 창고를 가지고 빈번히 배송하도록 하는 시스템을 갖추게 된 것입니다. 생산업체로부터의 납품도 이전과 같은 대량단위가 아니라 소량 주문할 수 있도록 했습니다. 일상용품은 1일 1회, 도시락이나 삼각김밥 등의 푸드는 아침, 점심, 저녁용으로 1일 3회 배송이 기본입니다.[26)]

하지만, 아무리 이 시스템이 있다 하더라도 그 의미를 이해하지 못하면 그냥 '하루에 여러 차례 배송이 있다'는 정도로밖에 인식되지 않습니다.

'내일은 맑은 날이 예상된다' '동네 초등학교에서 운동회가 있을 터이다' '고객들이 필요한 상품은 어떤 상품이지?' 그런 세세한 정보와 예상력으로 꼭 이 시스템을 잘 활용해 주셨으면 합니다.

---

26) 한국의 편의점에서는 푸드는 아침, 저녁의 1일 2회 배송이 기본이다.

20%의 비정형작업이
매출을 좌우한다

———

점포의 일상업무는 크게 '정형작업'과 '비정형작업'의 두 종류로 나뉩니다. '정형작업'이란 매일 반드시 해야만 하는 작업으로 발주업무나 매일 시간을 정해 실시하는 청소 등의 업무가 여기에 포함됩니다.

하지만 '정형작업'만을 기계적으로 실시하는 점포에는 고객이 오지 않습니다. 또 하나의 '비정형작업'에 얼마나 관심과 열의를 가지는가가 중요합니다.

'비정형작업'이란 예를 들면 쓰레기가 떨어져 있다면 줍거나 고객이 먹고 난 시식코너가 더러워져 있으면 재빨리 닦거나 혹은 고객이 손에 들었다 놓은 상품의 진열이 흐트러져 있으면 제대로 정리하는 작업입니다. 점포에서 일하다 보면 당연하게 여겨지는 일이지만, 바쁘다 보면 거기까지 손이 가지 않는다는 얘기도 종종 듣게 되는 것이,

돈이 되는 상품개발

바로 이 '비정형작업'입니다.

점포 업무의 80%는 '정형작업'이지만, 나머지인 겨우 20%의 '비정형작업'을 얼마나 할 수 있는가에 따라 점포의 레벨은 크게 달라집니다. '나에게 할당된 작업은 여기까지니까'라고 생각할 것이 아니라, 항상 뭔가 할 일이 없는지 관심을 가지도록 의식을 길러야 합니다.

이것은 편의점에 한정되지 않습니다. 다른 종류의 점포를 방문해 보아도 여러 가지 이유 때문에 '비정형작업'이 안 되어 있다고 느껴지는 경우가 많습니다. 그 이유는 직원들에게 그런 의식이 부족해 매장이 어수선해져 버리는 경우입니다. 또 다른 이유는 판매원이나 점원의 수가 그런 작업을 하기에는 불가능할 정도로 적은 경우입니다.

요즘은 어떤 업계라도 인력부족이 심각하여, '정형작업'만은 어떻게든 업무시간에 넣지만 '비정형작업'이 소홀히 되는 점포는 위기 상황이라고 보고 신경을 써야 합니다.

데이터에
의지하지 않는다

———

토, 일요일에 비해 월요일에 반드시 매출이 오르는 상품이 있습니다. 담배, 소용량 유음료, 스타킹, 신문 등입니다. 껌이나 사탕도 잘 팔립니다. 하지만 주말에 잘 팔리는 껌과 평일에 잘 팔리는 껌은 다릅니다. 휴일에 소비되는 장면과 평일에 소비되는 장면은 달라서 이것은 당연하다고 말할 수 있을지도 모릅니다. 물론 껌만이 아니라 도시락이나 반찬, 음료 등도 평일과는 다른 것이 휴일에 잘 팔립니다.

유통업체들은 수치로써 파악할 수 있는 정보를 매우 중요하게 여깁니다. 어느 상품이 언제 어디서 얼마만큼 팔렸는지, 지금은 POS데이터를 통해 자세한 데이터를 얻을 수 있습니다.

POS란 Point Of Sales System의 약자로 판매시점정보관리라고도 번역합니다. 이는 전 점포의 상품매출데이터를 즉시 공유할 수 있는

돈이 되는 상품개발

시스템을 말합니다.

상품을 발주할 때, 그 상품의 제조업체로부터 상세한 정보와 함께 어느 진열대에 어떻게 진열하면 효과적으로 보이는지, 또는 '이 상품은 다른 점포에서 어느 정도 팔리는지'에 대한 데이터나 어드바이스도 모두 POS데이터로 나타납니다.

하지만 이렇게 편리한 시스템이 있기 때문에 오히려 주의해야 하는 일이 있습니다.

예를 들어 포테이토칩 신상품이 있다고 합시다. 이 상품이 주말에 걸쳐 얼마만큼 팔렸는지 하는 데이터가 있습니다. 어떤 점포에서는 최고 몇 개까지 매출이 많이 올랐지만, 또 다른 점포에서는 거의 팔리지 않았다는 정보가 나옵니다.

하지만 그 상품이 과연 고객의 눈에 띄기 쉬운 모서리 진열대에 진열되어 있었는지, 진열대 하단 눈에 띄기 어려운 곳에 진열되어 있었는지까지는 POS에 나오지 않습니다. 각 점포의 입지나 고객층에 따라서도 당연히 잘 팔리는 상품은 달라집니다.

즉 POS는 큰 관점에서 참고는 할 수 있지만, 그것에 의지하는 것은 위험합니다. 베이스가 다른 데이터를 보고 그 정보에 의지해 자기 점포의 상품구색을 정해 버리는 것은, 스스로 생각하기를 포기하는 것과 같습니다.

POS데이터는 어디까지나 과거의 정보에 지나지 않습니다. 내일의, 미래의 점포를 만드는 것은 바로 나 자신입니다. 어제, 다른 점포에서 이 상품이 어느 정도 팔렸는지 그 결과를 확인하고 자기 점포에서 그 데이터를 어떻게 살릴지 매출의 가설을 세우고 또 그 결과를 확인해 새로운 가설을 세웁니다. 이것을 꾸준히 반복하는 것이 '잘 팔리는' 진열대를 만드는 길입니다.

신상품이라는 '자극'을
눈에 띄게 한다

신상품으로 도입했는데도 좀처럼 안 팔리는 상품이 있습니다. 이런 경우 어떻게 해야 할까요?

아까도 '잘 팔리는 상품'과 '죽은 상품'의 이야기는 했습니다. 잘 팔리는 상품은 재고를 많이 가지고 안 팔리는 상품은 철저히 배제한다는 원칙 말입니다.

그러나 안 팔리는 신상품을 쉽게 '이 상품은 안 팔렸다'고 단정하는 것은 위험합니다. 상품을 삭제할지 말지 결단을 내리기 전에 다시 한 번 잘 생각해 봅시다. 그 상품은 과연 고객의 눈에 잘 띄도록 연구하여 세심한 주의를 기울여 진열할 장소를 정했습니까?

직원들 입장에서는 신상품이 들어온 것은 쉽게 알 수 있는 사실입니다. 하지만 조그마한 상품이 몇천 개나 있는 점포에서 과연 고객은 뭐가 신상품이고 뭐가 기존상품인지 모두 알고 있을까요?

신상품을 단지 기존상품 옆에 진열하기만 해서는, 애당초 고객의 눈에는 들어오지 않을 가능성이 높습니다.

기본 중의 기본이지만, 신상품에는 POP를 붙이고 눈에 띄는 진열 대를 확보하고 고객의 주의를 끄는 노력을 하는 것이 중요합니다. 또 진열하는 상품 수도 중요합니다. '팔릴지 어떨지 모르니까'라고 시험 삼아 1개만 놓아 보았지만 팔리지 않았다는 것은 정말로 고객의 반응 을 시험해 본 것이 아닙니다. 정말로 팔아 보고 싶다면, 진열 수를 쭉 늘려 진열해야만 고객은 알아차립니다.

서점을 생각해 봅시다. 여러분이 서점에 방문했을 때 우선은 진열 대에 산처럼 쌓여 있는 신간부터 눈길이 가지 않습니까? 그걸 완전히 무시하고 책꽂이에 한 권씩 꽂혀 있는 책장부터 눈길이 간다는 사람 은 드물다고 생각합니다. POP를 붙이고 표지를 위로 보이게 해서 여 러 권을 쌓아 두어야 비로소 고객에게 '잘 팔리는 책입니다' '신간입니 다' '추천도서입니다'라는 강렬한 어필이 될 겁니다.

팔고 싶은 상품, 잘 팔릴 거라는 자신이 있는 상품의 경우는, '시험 삼아 1개'와 같이 겁먹은 소극적 발주가 아니라, 충분한 숫자를 발주 하고 가능한 한 넓은 면적에 진열해 '이것이 신상품입니다'라고 어필 해야 합니다. 또 팔려도 바로 보충할 수 있는 충분한 재고를 확보하 는 것에도 신경을 써야 합니다. 모처럼 잘 팔렸는데 저녁에 결품되어 버리면 저녁 이후에 점포에 방문한 고객에게는 신상품의 존재조차 알릴 수가 없습니다.

　　　　　　　　　　　　　　　　　돈이 되는 상품개발

상품은 판매자의 '무조건 판다!'라는 확고한 의지가 없으면 안 팔립니다.

'살지 말지를 결정하는 것은 고객'이라는 식으로 남의 일같이 생각해서는 그냥 막연히 상품이 진열된 것에 불과합니다. 그런 점포에서는 고객도 뭘 사야 할지 모릅니다. 무엇이 시도해 볼 가치가 있고, 무엇이 점포에서 자신 있게 제시하는 상품인지 알아차릴 수가 없습니다.

신상품은 그 점포에 있어서는 '자극'이며, 고객은 그것을 발견했을 때의 작은 감동을 찾아 방문합니다. '자극'은 자극적으로 눈에 띄지 않으면 다른 상품에 묻혀 버립니다. 다시 말하자면, 일정한 숫자 이상을 진열해 존재를 어필해야만 비로소 고객의 눈에는 '매장이 바뀌었다'라고 비칩니다.

할인은
일종의 마약

할인판매, 세일, 디스카운트 같은 것은 일종의 '마약'이라고 저는 생각합니다.

많은 사람들은 '같은 상품이면 싼 것을 고객은 좋아한다'고 생각하기 쉽지만, 그것은 사실일까요?

시즌의 피크에는 정가로 판매하고 시즌이 끝날 때는 할인세일로 재고처분을 합니다. 그것은 과연 소비자에 대한 성의 있는 서비스라고 말할 수 있을까요?

점포에서 '세일상품' '대특가' '50% 할인'이라고 적힌 POP를 본 경우, 이미 정가로 산 사람들은 손해를 본 것 같은 기분이 들 겁니다. 또 이제 사려고 하는 사람들도 그 상품의 본래의 가치를 믿지 않게 될 겁니다.

파는 사람에게도 할인이라는 '마약'에 익숙해져 버리는 것은, 정가로 팔아 내는 힘을 약화해 체력을 떨어뜨리게 됩니다.

장사꾼에게 있어서 상품을 매입해서 정가로 파는 것이야말로 기본입니다. 판촉으로 고객에게 '자극'을 주기 위해 일시적으로 행사를 하는 일은 있어도, 생각 없이 되는 대로 남으면 싸게 팔면 된다는 안이한 생각에서 벗어나야 합니다.

진정한 서비스는 '고객이 원하는 때에, 원하는 것을, 원하는 만큼, 원하는 방법으로' 제공하는 것입니다.

'싸니까'가 아니라, '좋으니까' 상품을 사도록 하는 것이 장사의 기본이라는 것을 잊지 말아야겠습니다.

'완판'은
성공이 아니라 실패다

———

정가로 '팔아 내는 힘'을 가져야 한다고 말씀드렸습니다. 그러나 '팔아 낸' 결과, '완판'되면 어떨까요? 실은 이 '완판'도 주의해야 합니다.

푸드의 발주 수와 판매 수가 거의 일치하는 점포가 있습니다. 이것은 일견 항상 발주한 양만큼 판매하고 있으니 '팔아 내는 힘'을 가진 점포라고 생각할 수 있습니다.

하지만 진실은 '팔아 낸' 점포가 아닙니다. '사실은 더 팔 수 있었는데 발주가 부족해서 기회를 놓친' 점포입니다.

'10개 팔리겠지'라고 예측한 도시락이 있다고 합시다. 발주해야 하는 수량은 몇 개일까요?

정답은 10개가 아닙니다.

정답은 12개입니다. 즉 2개는 처음부터 폐기를 낼지도 모르는 수량으로 계산해야 합니다.

폐기되는 2개는 틀림없이 아깝게 생각되겠지만, 폐기에는 필요한 '정상적인 폐기'와 '비정상적인 폐기'의 두 종류가 있다는 것은 이미 말씀드렸습니다. 특히 푸드 같은 데일리상품에 관해서는 총매출의 2% 정도는 적정한 폐기이며, 필요투자라는 것을 점주에게 이해시켜야 합니다.

그럼 애초에 왜 처음부터 2개를 폐기분으로 계산해야만 할까요?

사람의 심리라는 것은 묘한 것으로 한 개만 덩그러니 놓여 있는 상품을 보면 '갖고 싶다'고 생각하지 않기 때문입니다. 어느 정도의 양으로 진열되어 있는 상품을 보고 비로소 사람은 '갖고 싶다'고 느낍니다.

한 개를 발주하면 그 한 개는 팔리지 않습니다. 재고가 한 개가 된 시점에서 그 점포는 폐기상품을 진열해 둔 것이 되어 버립니다.

즉, 10개 발주해서 10개 완판했다면 점주는 기뻐해야 할 것이 아니라 아쉬워해야 합니다. 더 발주해 두었다면 더 팔렸을 것이기 때문입니다.

따라서 '100% 판매목표' 같은 목표는 원래 있을 수 없습니다. 만일 그것이 달성되었다고 기뻐하고 있었다면, 그 뒤에서는 반드시 재고 부족으로 그 상품을 살 수 없었던 고객이 존재하고 있었을 것이기 때문입니다.

점포로서는 가능한 한 폐기율을 낮추고 싶은 마음도 잘 알겠고, 저도 여기서 대량으로 식품을 폐기하자, 폐기를 신경 쓰지 말고 자꾸자꾸 발주하라고 말씀드리는 것은 아닙니다.

단지 '한 개의 폐기도 하지 않는다'는 목표를 내걸고 소극적인 발주를 하고 있으면 대담한 진열대 구성은 불가능하며, 결과적으로 '잘 팔리는 점포'는 될 수 없다는 것입니다.

폐기분을 예측해서 발주하는 것이 결과적으로 매출상승으로 이어지는 것은, 과거의 데이터로 명확히 알 수 있습니다.

예를 들면, 저녁 이른 시간에 이미 진열장에 두세 개밖에 남지 않은 빵집, 생선이 조금밖에 없는 생선가게, 각 바구니에 두세 송이밖에 남지 않은 꽃집 같은 곳에 들렀던 경험이 있을 것입니다. 이런 곳은 모두 구매의욕이 생기지 않아 실제 필요해서 갔지만 사지 않았던 사람도 많을 것입니다. 폐기를 두려워하는 점포의 심정은 알겠지만, 고객으로서는 사고 싶은 것을 살 수 없었던 유감스러운 기분이 남을 것입니다.

상품아이템을
늘리는 것의 단점

또 하나 많은 사람들이 자주 실수하는 것이 있습니다. 그것은 '아이템 수를 늘리면 매출이 오른다'라는 확신입니다.

슈퍼마켓과 편의점의 차이점으로, 양자에서 상품구색에 관한 사고방식이 다르다고 이야기를 했습니다. 사람들은 슈퍼마켓에는 다양한 상품구색을 원하여 방문하고, 거기서는 '선택할 자유'가 있습니다. 편의점에서는 '선택하지 않을 자유'를 제공하는 것을 보았습니다.

하지만 그런 편의점에서 일하는 저조차도 어느 시기까지는 가능한 한 상품의 아이템 수를 늘리려 했었습니다. 물론 엄선한 상품이지만, 가능한 한 상품 수를 늘리고 싶다고 시행착오를 했던 것입니다. 그 배경에는 역시 아이템 수가 많으면 많을수록 고객이 좋아할 것이라는 확신이 있었습니다.

하지만 그 결과가 어떻게 되었냐 하면, 매출이 점점 떨어져 버렸습니다.

아이템 수를 늘리는 것의 단점은 크게 두 가지 있습니다.

첫 번째 단점은 푸드 등의 데일리상품의 아이템을 너무 늘려 버리면, 그것을 만드는 공장이 힘들어진다는 점입니다. 우리는 이전에 도시락이나 샌드위치 등의 데일리상품을 200아이템 정도 등록했었지만, 공장은 그 아이템 수를 소화하기 위해 노력과 수고를 너무나 들여 하나하나의 상품에 정성을 들일 여유를 잃어갔습니다.

두 번째 단점으로는, 점포도 등록 아이템 수가 너무 많으면 어느 상품을 주문하면 좋을지 모르게 된다는 것입니다. 그 결과, '잘 팔리는 상품'도 '죽은 상품'도 혼재하는 상품구색이 되어 어지러운 매장이 되어 버렸습니다.

소비자에게 다양한 선택지로부터 고르게 한다는 것은, 일견 좋은 것처럼 생각되지만 실은 고객에게 판단을 내던져 버리는 것이기도 합니다. 저도 항상 점포의 점주님들께 '잘 팔리는 상품을 선택해 주십시오' '죽은 상품과 잘 팔리는 상품을 구분해 주십시오'라고 해 왔지만, 애초에 저 자신이 '잘 팔리는 상품'을 선택하지 않고, 그저 많은 상품을 제시만 하고 있었기 때문에 어떻게 보면 이것은 터무니없는 이야기입니다.

상품의 선택지를 늘리는 행위는 '많이 하면 하나라도 걸리겠지'라는 대충대충 조잡한 상품기획에 지나지 않습니다. 이것을 깨우친 우리는 고객의 니즈에 다가가 상품구색을 좁히는 방향으로 정책을 선회하였습니다.

돈이 되는 상품개발

아이템 수를 줄이면
매출이 오른다

　결과적으로 일시적으로는 데일리상품 이외의 상품을 포함해 5,500개 이상 있었던 아이템 수를 4,600개 이하로 줄였습니다.

　그 결과가 재미있게 나왔습니다. 아이템 수를 20% 정도 줄였음에도 불구하고 점포의 일매출은 상승하기 시작했습니다.

　등록 아이템 수를 줄임으로써 점포가 발주하는 신상품의 도입률이 오른 것이 주된 원인이었습니다. 등록 아이템 수가 가장 많았던 때는, 점포의 신상품도입률이 대단히 낮았습니다. 이 신상품도입률이 아이템 수를 줄이니 매우 높은 수치까지 상승했습니다.

　아이템 수를 줄인 점포일수록 신상품의 도입률은 높아졌고, 그 결과 그대로 일매출 향상으로 이어졌습니다.

　이것은 사실은 단순한 이야기로, 우리 집안을 생각해 봐도 알 수 있습니다. 어질러진 방에 있으면, 뭐가 정말로 필요하고 뭐가 쓸데없는 것인지 알 수 없습니다. 하지만 방이 정리되면 필요한 것, 쓸데없는 것이 잘 보이게 됩니다.

예를 들어 옷을 50벌 가지고 있어도 실제로 입는 옷은 그중에서 10벌도 되지 않는 일도 있습니다. 그럼 나머지 옷으로 말하자면, 이전에 샀지만 지금은 사이즈가 맞지 않다든가, 비싼 명품이어서 버리기 아깝다든가 또는 선물로 받은 것이어서 처분하는데 주저하게 되든가 하기 때문입니다. 하지만 이유가 뭐든 안 입는 것은 안 입습니다. 그것은 집안의 '죽은 상품'이라고 말할 수 있습니다.

점포도 정말로 잘 팔리는 상품 이외의 것을 삭제함으로써 비로소 자신들에게 필요한 상품이 무엇인지 확인할 수 있습니다.

주의해야 하는 것은 '모든 신상품을 다 도입하고 싶으니까'라고 해서 아이템 수만을 확대하여, 전부 각각 두 개씩이라는 식으로 소량발주를 하는 일입니다.

각 아이템이 조금씩만 진열되어 있는 점포는, 소비자의 눈에는 폐기 상품이 진열되어 있는 모양으로밖에 보이지 않습니다. 신상품 등 점포에서 정말로 팔고 싶은 것은, 충분한 수량을 진열하여야 비로소 소비자의 눈에 '매장이 바뀌었네'라고 보인다는 이야기는 이미 했습니다.

만일 상품을 항상 한두 개 정도 발주하는 사람이 있다면 조심해야 합니다. 아마 명확한 이유 같은 것 없이, 단순히 '팔릴지도 모르니까'라고 발주하는 것에 지나지 않습니다. 이런 습관은 빨리 고치는 게 좋습니다.

매출 2개의 상품은
남길까 삭제할까

———

　어떤 상품이 하루에 두 개밖에 팔리지 않는다면 이 상품은 삭제해야 할까요? 남겨야 할까요?

　지금까지의 이야기로는, 이 두 개는 '죽은 상품'이며 바로 삭제해야 하는 상품이라고 설명했습니다.

　그러나 여기서도 한 가지 조심해야 할 점이 있습니다. 점포에 진열할 상품을 결정하는 경우, 크게 두 가지 문제를 염두에 두어야 합니다.

　첫째는 '요즘 시중에서는 무엇이 잘 팔리고 있는가?'라는 시장의 문제. 또 하나는 '앞으로 무엇이 잘 팔릴 것인가?'라는 트렌드의 문제입니다.

　'매출 두 개'라는 보고를 보았을 때, 그 숫자만으로 즉시 판단하는 것은 자칫 실수가 되기 쉽습니다. 그 두 개라는 숫자가 이전에는 열

개 팔렸었는데 요새 두 개밖에 팔리지 않게 된 것인지? 아니면 이전에는 매출 제로였던 것이 지금은 두 개 팔리게 된 것인지에 따라 의미는 전혀 달라지기 때문입니다.

전자라면 그것은 커트라인의 상품이라고 생각할 수밖에 없겠지요. 하지만 후자라면 그것은 앞으로 네 개로 늘어날 가능성을 가진 상품이 됩니다. 그것은 시장이 성장하기 시작하는 징조일지도 모릅니다.

눈앞의 숫자에만 사로잡히면 판단을 그르칠 수 있습니다. 이전의 숫자와 비교해 시장, 트렌드의 양쪽으로부터 분석하는 것이 중요합니다.

지금까지 팔리지 않는 상품은 폐기하고 아이템 수는 줄인다고 이야기를 했지만, 재고축소란 단순히 재고의 수를 적게 한다는 의미가 아닙니다.

예를 들어, 잡화점에 잡화가 열 개밖에 없다면 어떨까요? 그것은 '재고축소'를 한 것이 아니라, 단순히 '장사를 방치했다'와 똑같은 것입니다.

고객이 '사고 싶다'고 생각되는 진열량을 제대로 파악하는 것, 이것을 적정 진열량 혹은 최저 재고량이라고 합니다.

이 양은 점포의 규모나 입지, 콘셉트에 따라 다르기 때문에, 일률적으로 어떤 상품을 몇 개 두는 것이 최적이라고 할 수는 없습니다.

점포별로 적합한 적정 재고량은, 나날의 장사 속에서 판단해 갈 수밖에 없습니다.

고객은 매일매일 변합니다. 방문하는 고객도 바뀌어 가고, 같은 고객이라도 어제와 오늘은 달라져 있습니다. 한 달 전에 잘 팔리던 것이 이번 달에는 안 팔리게 되는 일도 있고, 이 달에 그다지 팔리지 않았던 것이 다음 달에는 갑자기 히트하는 일도 있는 법입니다. 매일매일 상품과 고객과 마주하며, 적정 재고를 파악해 가는 노력이 필요합니다.

팔아 내는
힘

———

한 사람의 생선장수가 있다고 합시다. 그는 작은 생선가게를 운영하고 있어, 물건의 매입부터 판매까지 혼자서 하고 있습니다.

이른 아침부터 그는 트럭을 운전해 시장에 가서 자신의 눈으로 생선을 확인하고 제철 생선을 사 옵니다. 점포의 단골손님들 얼굴을 떠올리면서, 어떤 생선을 사가야 손님들이 좋아하실지 진지하게 생각합니다.

오늘은 물 좋은 꽁치를 사서 점포에 진열하려고 합니다. 눈앞의 꽁치는 틀림없이 훌륭하지만, 올해는 꽁치가 매우 비싸서, 좀처럼 가벼운 마음으로 살 수 있는 가격대가 될 수 없어 손님들에게 미안한 마음이 듭니다.

하지만 오늘은 25일입니다. 대부분의 회사들의 월급날이어서 약간

돈이 되는 상품개발

비싼 것도 괜찮을 거라고 생각해, 평소보다 많이 사 왔습니다.

자, 이것을 모두 팔아 내기 위해 어떤 연구를 하면 좋을까요?

우선 꽁치의 싱싱함이 두드러지도록 매장을 연구합니다. 여기에 점포를 방문한 고객에게는 적극적으로 권유하여 이 꽁치가 살이 올라 대단히 맛있다는 것, 어느 바다에서 잡힌 것인지 등의 정보를 적극적으로 전달하자고 머리띠를 질끈 동여매고 영업을 개시하였습니다.

왜 여기서 생선장수 이야기를 하는가 하면, 이것이 제가 생각하는 '장사'의 원점이기 때문입니다. 원래 장사라는 것은, 혼자서 매입하고 혼자서 물건을 진열하고 혼자서 팔아 내는 것입니다.

그럼에도 현재 우리 업무는, 여러 사람, 여러 부서가 얽혀 이루어지고 있습니다. 영업본부, 상품본부가 있고 상품본부 안에는 또 식품팀이 있고 비식품팀이 있습니다.

편의점 업계뿐만 아니라 현시대에 매입부터 판매까지 모두 혼자서 담당하는 점포는 매우 적을 것입니다. 레스토랑이라도 식재를 매입하는 사람이나 사전준비를 하는 사람, 조리하는 사람에 조리보조를 하는 사람, 홀에서 서빙하는 사람, 회계를 하는 사람으로 세분화되어 있습니다. 옷이나 잡화를 파는 점포라도 상품을 만드는 사람, 거래처에서 매입하는 사람, 점포를 경영하는 사람, 판매하는 사람, 경리를 담당하는 사람 등 여러 직종으로 나누어져 하나의 장사를 하고 있습니다. 단 하나의 상품이라도 아주 많은 사람들이 관련되어서야 소비자에게까지 전해지게 됩니다.

하지만 이 과정에서는, 자칫하면 상품에 대한 애정, 만드는 사람이나 매입하는 사람의 마음이 잊히기 쉽습니다. 어떤 발상으로 이 상품을 생각해 내서 레시피가 만들어지고(혹은 패턴을 만들어 재료를 사 오고), 상품이 만들어져 운반되고 점포에 도착했는지가 희미해져 버립니다.

시장이 거대해진 현대에서 분업화는 어쩔 수 없을지 모릅니다. 하지만 그렇다 하더라도 장사의 원칙은 혼자서 매입해서 혼자서 물품을 진열하고 혼자서 팔아 내는 것이며, 유통업에 관여된 사람은 이 정신을 잊어서는 안 됩니다.

물건을 매입한 사람은 매입 이유를 현장에 확실하게 말로 전해 주어야만 합니다. 점포 직원들은 어떤 과정을 거쳐 이 도시락이 만들어졌는지, 어디서 잡힌 생선이 어떤 조리법으로 조리되어 이 도시락 상자에 담겼는지를 상상해 보아야 합니다.

편의점체인은 서로 다른 자본금을 가진 회사가 모여, 점포나 본부에서 일하는 사람들이 팀으로서 합쳐진 하나의 커다란 유기적 관계를 쌓아 성과를 만들어 가는 사업입니다.

그러한 업무 본연의 모습은, 규모의 차이는 있어도 여러 분야에 존재합니다. 지금은 에도 시대[27]가 아닙니다. 혼자서 매입하고 혼자서 팔아 내는 장사는 거의 줄어들었습니다.

'잘 팔리게 하고 싶다'라고 모든 사람이 생각하겠지만, 상품을 '히트 상품화'하기 위해서는, 섬세한 테크닉만이 아니라, 그 상품에 관련된

---

27) 도쿠가와 이에야스가 권력을 장악하여 에도 막부를 설치하여 운영한 1603년부터 1867년까지를 말한다.

——————   돈이 되는 상품개발

사람들의 여러 가지 마음을 아는 것, 상상하는 것도 중요하지 않을까요? 많은 사람들의 아이디어나 정열이 담긴 상품을 고객에게 전해 드리고 싶다. 그런 자세가 요즘 같은 세상에 더욱더 중요할 것이라고 생각합니다.

제3장

변화대응력 양성강좌

- 세상의 변화를 꿰뚫어 본다 -

여름이라는
순풍이 끝날 때

———

여름, 뜨거운 하늘 아래를 걸어온 당신은 차가운 아이스커피를 마시고 싶어 카페에 들렀습니다. 가게는 시원하여 겨우 한숨을 돌릴 수 있습니다.

'오늘은 아이스크림이라도 먹을까?' '이런 더운 밤에는 차가운 맥주라도 마실까?' 그런 이유에서 상품이 팔립니다. 그렇습니다. 여름은 상품이 잘 팔리는 계절입니다.

가만히 있어도 잘 팔린다…까지는 말할 수 없어도 어쨌든 너무나 더운 여름을 조금이라도 쾌적하게 보내기 위해, 또 뜨거운 하늘 아래를 걷는 사람들이 시원한 것을 찾아 여러 가지 상품을 사 가는 것은 확실합니다. 편의점에서는 냉라멘이나 차가운 메밀국수, 음료, 아이스크림, 데오드란트 외에도 여름을 잘 넘기기 위한 장어덮밥이나 불고기도시락, 카레, 자양강장음료 등이 잘 팔려 나갑니다.

의류는 여름용으로 개발된 땀 흡수가 잘되는 속옷이나 마 등의 시원한 소재의 옷, 여름용 샌들에 여름용 백, 그리고 자외선을 피하는 모자나 선글라스, 양산 등이 잘 팔립니다. 여름휴가가 있는 8월에는 비행기는 만석이며, 여행지나 레저 시설, 영화관, 여름페스티발, 풀장, 바닷가는 사람들로 넘쳐 납니다.

얼마나 여름 상품의 수요가 많은지는, 편의점의 월별 매출 순위를 보면 확실해집니다. '1위는 7월, 2위는 8월, 3위는 12월'의 순서로 매출이 많습니다. 일단 12월은 크리스마스가 있어서 케이크나 치킨이 잘 팔리는 외에도 새해에 먹는 고가의 설명절도시락 등도 있어서 매출이 오르는 것은 이해할 수 있습니다. 하지만 이런 특수한 달을 제외하면, 단연 1위는 한여름입니다.

그럼 여름의 편의점 상품에는 어떤 것이 있을까요? 좀 더 구체적으로 보면, 여름휴가용 불꽃놀이세트나 캠프용 숯, 지도나 목장갑, 돌얼음 등이 잘 팔립니다. 긴 시간 운전하는 사람은 음료수나 선글라스, 자양강장음료, 통에 든 껌 등도 사 갑니다. 오봉[28]으로 귀성이나 여행하는 사람은 UV커트상품이나 휴대용 충전기, 화장품 등도 필요합니다.

이런 계절은 장사꾼에게는 대단히 감사한 시기입니다. 잘 팔리는 상품을 알기 쉽기 때문에 상품개발이나 매장 만들기가 쉽기 때문입

---

28) 불교명절인 우란분재 또는 백중맞이. 음력7월의 보름으로 우리나라의 추석과 유사한 명절이다.

니다.

하지만 이런 호시절도 언젠가 끝이 다가옵니다. 최고 기온이 30도 이하로 떨어지기 시작하면 슬슬 피부감각으로는 가을이 시작됩니다. 어느새 가만히 있어도 '일단 아이스커피' '맥주' '프라페'라는 충동에서 점포를 방문하는 계절은 끝나고, 각 점포, 각 체인의 진짜 실력이 시험받는 계절이 됩니다. 냉정한 머리로 상품을 음미하는 고객 앞에서, 점포는 진정한 의미로 사람들을 끌어들이는 매력적인 상품구성을 하지 않으면 매출은 자연스럽게 떨어져 갑니다.

계절이란 순풍에 의지하지 않고 스스로의 상품개발력이나 판매력이 시험받는 가을의 매장에서, 전년의 매출을 뛰어넘고 여기에 단골 고객을 늘리기 위해 어떤 노력을 해야만 좋을지 각 점포, 각 업종의 시행착오가 시작됩니다.

돈이 되는 상품개발

세상은 '변화'로
가득 차 있다

———

　우리가 사는 지구, 일본에는 다양한 '변화'가 존재합니다. 매년 돌아오는 계절의 변화 같은 것은 어느 정도 상상이 가지만, 거기에도 시원한 여름(Cool Summer)이나 따뜻한 겨울(Warm Winter) 같은 예기치 못한 '변화'가 숨어 있습니다. 더운 여름에는 차가운 음료를 비롯한 여름용 상품이 잘 팔리지만, 시원한 여름에는 이들 여름용 상품의 판매가 크게 상승하는 것이 여의치 않습니다.

　잘 팔려야 할 상품이 팔리지 않는 현상이 시원한 여름이나 따뜻한 겨울에는 일어나게 됩니다.

　특히 최근에는 세계적인 기후변화도 있어 계절을 비껴간 태풍이나 폭우, 폭설, 혹서, 시원한 여름 등 이상기후가 계속됩니다. 그때마다 장사꾼은 '며칠이나 비가 계속 오네' '올여름은 너무 시원해' '태풍이 오는 것 같아'라며 그때그때의 날씨에 일희일비합니다.

날씨나 계절의 변화는 장사에 있어서 중요한 요인이며, 그래서 더욱더 나날의 기온이나 날씨에 항상 신경 써서 점포 만들기를 해 달라고 지금껏 이야기해 왔습니다.

하지만 어떤 날씨에라도 잘 팔리는 상품 만들기, 매장 만들기를 하는 연구도 중요합니다. '악천후가 계속되어서 판매동향이 좋지 않았다'라고 해서는 능력 있는 장사꾼이라고 할 수 없습니다.

예를 들어 맥주를 봅시다. 통상 시원한 여름에는 맥주의 매출이 늘지 않습니다. 하지만 그런 경우에도 만일 고객의 호기심이나 미각을 자극하는 신상품이나 수제맥주 등의 변화구를 던질 수 있으면 사정은 달라집니다.

여름이 예년보다 시원했던 해가 있었습니다. 그 탓에 보통이라면 가만히 있어도 팔릴 아이스크림의 매출이 전년 대비 크게 떨어졌습니다. 한편, 맥주는 순조롭게 잘 팔렸습니다. 이 해는 새로운 타입의 맥주가 화제가 된 해로, 시원한 여름임에도 불구하고 잘 팔렸던 것입니다. 즉 고객의 호기심을 자극하는 신상품을 내세우면, 날씨에 좌우되는 일 없이 순조로운 매출을 유지할 수 있습니다. 한편 아이스크림에서는 사람들의 흥미를 불러일으킬 만한 신상품을 준비할 수 없었습니다.

날씨는 인간의 지혜를 뛰어넘는 것으로 우리가 그것을 바꿀 수는 없습니다. 하지만 그 날씨에 운을 맡기는 것이 아니라, 스스로의 힘으로 제대로 팔릴 수 있는 대책을 만드는 것이 중요합니다.

돈이 되는 상품개발

세상에는 여러 가지 '변화'가 넘쳐 납니다. 기후의 변화, 경제의 변화, 사회구조의 변화, 사람들의 기호의 변화, 라이프스타일의 변화, 고용상황의 변화, 가치관의 변화, 회사경영의 변화 등등. 거론하자면 끝이 없는 이들 '변화'에 둘러싸여 살아가고 장사를 합니다.

　'변화'를 무시하는 것은 장사의 정체로 직결됩니다. 소비자의 니즈가 변화하고 있는데 그것을 눈치채지 못하고 예전의 히트상품에만 의지한다면 고객은 새로운 점포로 가 버리고, 종업원이 고용환경 개선을 요구하고 있는데 윗사람들이 그 의견을 듣지 않고 독재적인 방식을 계속한다면 일하는 사람들의 동기는 떨어지겠지요. 또는 강력한 새로운 라이벌이 출현했는데도 지금까지의 성공패턴을 계속 고집한다면 조만간 그 시장에서 탈락하게 될 겁니다.

　변화하는 세상에서 확실하게 잘 팔리는 상품을 계속 만들어 내는 비결의 하나는, 세상의 다양한 '변화'를 무시하지 말고 '대응'해 나가는 힘, 즉 '변화대응력'에 있습니다.

　한때 융성했던 점포나 기업, 업태가 시간과 함께 쇠퇴해 가는 것은, '변화대응력'을 경시해 과거의 성공패턴을 고집했기 때문이 아닐까요? 장사에서 성공하고 게다가 그것을 계속해 나가기 위해서는 세상의 변화를 관찰하고 감지하는 능력, 그것에 대응해 가는 유연한 힘이 필수불가결합니다.

　이 장에서는, 여러 가지 '변화'의 타입과 그것에 '대응'해 가는 사례를 확인해 보고자 합니다.

장갑은
언제 팔리는가?

———

2월의 어느 날 찾은 어떤 편의점에 아직 장갑 같은 방한용품이 네 종류씩 진열되어 있었습니다.

확실히 2월은 아직 추운 시기입니다. 코트도 장갑도 손에서 놓을 수 없습니다. 하지만 잘 생각해 보십시오. 이미 한창 긴 겨울을 지난 뒤인 2월입니다. 초가을이라면 어떨지 모르지만, 이미 추운 겨울을 이겨 낸 사람들이 지금에 와서 장갑이나 마스크를 잊어버리고 외출할까요? 설사 잊어버렸다 하더라도 이제 다음 달이면 따뜻해지기 시작하는 이 시기에 일부러 이런 아이템을, 게다가 편의점에서 사는 사람이 있을까요?

소매업, 특히 편의점의 경우 매장 만들기에는 하나의 철칙이 있습니다.

'시즌상품은 계절에 앞서 팔리기 시작하고, 가장 먼저 매장에서 사라져야 한다'입니다.

성수기에는 백화점이나 할인점에 풍부한 물건이 얼마든지 진열됩니다. 편의점은 그 상품의 다양함에 아무리 연구해도 이길 수 없습니다. 압도적으로 매장면적이 좁은 편의점에서는, 장갑만 몇십 종류를 둘 수가 없기 때문입니다.

그런 이유로 편의점은 시기로 승부합니다. 계절이 시작할 때 그 상품을 점포에 진열함으로써, 당장 필요한 고객의 니즈에 응하는 것입니다.

자외선차단제나 보습크림 등도 똑같습니다. '여름 = 8월 = 자외선차단제'라는 막연한 감각으로는 장사도 뭣도 아닙니다. 자외선차단제를 사람들이 급히 필요로 하는 것은 8월이 아니라 5월입니다. 8월에는 이미 대부분의 여성이 자외선차단제를 이미 가지고 있어, 일부러 편의점에서 사지 않습니다. 하물며 자외선이 가장 심한 것은, 실은 한여름이 아니라 봄철입니다. 자외선차단제를 아직 구입하지 않았던 여성이 급히 편의점에 뛰어왔을 때, 결품으로 진열대에 없었다는 등의 유감스런 일이 발생하지 않도록 배려해야 합니다.

예외적으로 계절을 묻지 않고 항상 재고를 가져가야 하는 경우도 있습니다. 자외선차단제의 경우도 일반적인 점포에서는 계절이 시작할 때밖에 팔리지 않지만, 골프장 근처의 점포에서는 연중 팔리는 상품입니다. 골프를 하는 사람에게는 자외선차단제는 필수품인데다 골프장에서 사면 대단히 비싸기 때문입니다. 성수기 이전에 반드시 눈에 띄는 곳에 진열하고, 이 점포에 이 상품이 있다는 것을 고객에게 인지시켜, 겨울에도 그 상품이 결품되지 않도록 주의해야만 합니다. 지금껏 계속 이야기해 왔지만, 이것 또한 자기 점포의 입지에 신경 쓰라는 이야기입니다.

'봄을 기다리는 기대감'을
형태로 만든다

———

　달력에서는 봄이 시작되었다고는 하나, 연중 가장 춥게 느껴지는 날이 많은 것도 2월입니다. 이 시기의 점포에서는 어떤 것이 팔리는 걸까요?

　계절이 변하는 시기, 사람들의 소비행동은 실제의 기온과는 다른 움직임을 보입니다. 미각에 있어서도, 겨울 동안 맛이 진하고 무거운 것을 계속 먹어 왔던 혀는 슬슬 가볍고 신선한 맛을 찾기 시작합니다. 예를 들면 빵이나 샌드위치, 햄버거, 샐러드 등이 잘 팔립니다.

　밖은 아직 추워도 거리를 걸으면, 옷가게의 쇼윈도우에는 핑크나 옐로, 꽃무늬 등 봄다운 색깔이 경쾌하게 춤을 춥니다. 색채적으로도 긴 겨울에 질린 사람들은 봄다운 색감이나 가벼운 소재를 기대하게 됩니다.

장사꾼은 나날의 기온, 날씨에 민감해야 하지만, 단지 숫자만 파악하는 것이 아니라 계절의 변화가 사람들에게 미치는 심리도 잘 이해해야 합니다. 이 경우 실제로 기온이 따뜻해졌는지 아닌지보다 고객의 마음에서 솟아나는 '봄을 기다리는 기대감'을 상품화하는 것이 중요합니다.

　이 시기에 변함없이 겨울의 색채감각으로 점포를 꾸미고, 상품전개도 겨울버전인 채로 있는 점포는 조심해야 합니다. 봄에 맞는 POP로 바꾸고, 평소 이상으로 신경을 써 청소를 하고, 바닥이나 진열대를 반짝반짝하게 닦고, 봄다운 상품, 메뉴로 고객을 맞이해야 합니다.

　서비스업, 소매업에 종사하는 사람은 계절감을 수동적으로 받아들이지 말고, 오히려 계절을 만들어 가는 능동적 연출의 담당자이어야 합니다.

기념일에 매출이 오르는 점포,
떨어지는 점포

———

2월에는 일본의 국민적 이벤트인 밸런타인데이가 있습니다. 백화점이나 전문점에는 대량의 초콜릿이 진열되고, 그 가운데서 특별한 제품을 선택하고자 하는 여성들의 눈빛은 진지합니다. 마음에 둔 남성에게 주기 위해서이거나, 직장이나 업무로 신세를 지고 있는 분들에게 드리기 위해, 친구를 위해, 가족을 위해, 여자 친구들을 위해, 혹은 스스로에 대한 보상으로서 한 사람이 여러 개를 사는 경우도 적지 않습니다.

물론 편의점도 전력을 기울여 귀엽게 멋진 리본을 두른 상품으로 고객을 맞이합니다.

하지만 허겁지겁 매장을 준비하기 전에 잠깐 멈추고 생각해 볼 필요가 있습니다. 아무리 훌륭한 초콜릿을 갖추었다 하더라도, 과연 편의점에서 진짜 좋아하는 남성에게 선물하는 초콜릿을 사는 여성이 얼마나 있을지 하는 것을요.

초등학생, 중학생 정도까지는 편의점에서 사는 것도 일반적일지 모르겠습니다. 하지만 20대, 30대의 성인 여성이 진지하게 고백하는 상대에게 편의점에서 산 초콜릿을 줄까요?

유감스럽게도, 그런 사람은 극히 드물 겁니다.

아마도 많은 여성들은 진짜 좋아하는 남성에게 선물하는 초콜릿은 백화점이나 전문점 등에서 천천히 신중하게 구입할 것입니다. 그렇다면 우리 편의점이 여성들에게 초콜릿을 구매하도록 아무리 노력해도, 그것은 헛일로 끝나 버릴 겁니다.

그럼 밸런타인데이에 대해, 편의점은 어떤 노력을 해야 할까요?

해답은 의리초콜릿[29]에 있습니다. 진짜 좋아하는 남성에게 선물하는 초콜릿은 사전에 용의주도하게 백화점 같은 데서 사 두는 여성도, 의리초콜릿은 회사나 학교에 도착하기 전에 가까운 편의점에서 사기 때문입니다.

그리고 그런 상황이라면 편의점은 진짜 좋아하는 남성에게 선물하는 초콜릿과는 다른 시기, 다른 상품으로 판촉을 해야 합니다.

백화점이나 초콜릿 전문점에서는, 일주일 전 주말 등에 많은 사람이 사러 오는 모습을 볼 수 있습니다. 그럼 편의점의 경우는 어떨까요? 아무리 백화점에서 밸런타인데이 전쟁을 벌이고 있어도 여기에

---

29) 밸런타인데이에 마지못해 회사상사나 동료 등 아는 남성에게 의리상 선물하는 초콜릿을 일컫는다.

안달해서는 실패합니다. 편의점에서는 백화점이나 초콜릿 전문점과 같은 시기에는 초콜릿이 팔리지 않습니다. 편의점에서 밸런타인용 초콜릿이 가장 잘 팔리는 것은, 밸런타인데이의 전날이나 당일이기 때문입니다.

주위에 회사나 학교가 많은 점포에서는 밸런타인데이 상품이 잘 팔리지만, 당연히 주위에 아무것도 없는 로드사이드 점포에서 마음먹고 밸런타인데이용 초콜릿을 많이 진열해도 팔리지 않습니다.

밸런타인데이 당일이 학교나 회사를 가는 평일에 해당하는지, 아니면 운 나쁘게 휴일에 해당하는지도 매출에 관계가 있습니다. 밸런타인데이가 평일이면 동료나 반 친구에게 의리초콜릿을 줄 필요가 있어도, 휴일이라면 꼭 줄 필요가 없어지기 때문입니다.

그런 정보로부터 판매방법을 예측하고 대담하게 발주를 한 점포는 많은 매출을 기록할 수 있습니다. 하지만 반대로 아무것도 생각하지 않고 발주한 점포는 2월 14일 당일에는 '재고가 없어!'라고 소리 지르거나 오히려 대량의 재고를 남기거나 하는 처지에 놓이게 됩니다.

이것은 실제로 있었던 이야기입니다. 전날까지 초콜릿이 거의 팔리지 않아서 '우리 점포는 밸런타인데이 초콜릿은 안 팔리겠지'라고 단순하게 생각한 점포에, 밸런타인데이 당일에 고객이 쇄도해 주위의 같은 체인점에서 상품을 빌려 오는 소동까지 벌이게 되었습니다.

밸런타인데이 등의 이벤트 시기는, 많은 매출을 기록할 수 있는 기회입니다. 이 기회를 살릴까 죽일까는 그 점포의 끊임없는 관찰력과 사고력, 실행력에 달려 있습니다.

밸런타인데이와
화이트데이는 별개

그리고 밸런타인데이의 다음 달에는 화이트데이가 있습니다. 꼭 세상 남성들에게 과자나 작은 선물을 사게 만들고 싶습니다.

여기서도 성급함은 금물입니다. 우선 잠깐 멈추고 생각해 봅시다. 어쩌면 밸런타인데이와 똑같은 감각과 수순으로 판촉을 하면 된다고 생각하고 있지는 않은지요?

틀림없이 밸런타인데이와 화이트데이는, 호감 있는 상대에게 초콜 릿 같은 과자나 선물을 주는 날로 매우 닮은 이벤트입니다. 유일하게 다른 점은, 일반적으로 밸런타인데이는 여성이 남성에게 선물하는 날이고, 화이트데이는 남성이 여성에게 선물하는 날로 정해져 있다 는 정도이지만, 이 작은 차이가 큰 결과의 차이를 낳습니다.

이 책의 독자가 남성이라면, 모두 아시리라 생각하지만, 유감스럽게도 남성의 심리는 여성에 비해 섬세하지 못합니다. 남성은 2월에 초콜릿을 받은 것을 3월까지 제대로 기억하지 못합니다. 여성이 밸런타인데이를 맞아 백화점이나 전문점에서 신중에 신중을 기한 것 같은 행동을 남성에게 기대해서는 안 됩니다. 단 자신을 좋아하는 여성으로부터 초콜릿을 받은 행운의 남성의 경우는 다르겠지만 말입니다.

점포에서는 우선, 화이트데이라는 날이 이 세상에 존재한다는 것, 이날은 지난달에 초콜릿을 받은 사람이 답례를 해야 하는 날이라는 것을 모든 남성들에게 상기시킬 필요가 있습니다. 2월 14일이 밸런타인데이라는 것은 잘 알려져 있어도 화이트데이의 경우는 '3월 14일 화이트데이'라고 크게 쓰는 것부터 시작할 필요가 있을 겁니다.

물론 품질 좋은 초콜릿이나 리본을 단 멋진 상품을 갖추는 등 당일의 상품구색에 전력을 기울이는 것도 중요하지만, 그 전에 알린다는 중대한 임무가 있고, 그것을 태만히 해서는 애초에 이날 남성들에게 화이트데이용 초콜릿을 살 생각이 들게 하는 것조차 어렵습니다.

이벤트가 없는 계절에
무엇을 팔까?

———

밸런타인데이나 화이트데이 등 커다란 이벤트가 있는 달은, 눈에 띄는 판촉을 하기 쉬운 달입니다. 하지만 일 년 내내 이런 빅 이벤트가 있지는 않습니다. 눈에 띄는 이벤트도 없고 그다지 매출을 기대할 수 없는 달도 있습니다.

1월은 춥고 고객의 발길도 끊어진 데다 큰 매출을 기대할 수 있는 이벤트도 거의 없습니다. 전월인 12월에는 '크리스마스' '연말'이라는 빅 이벤트가 있고, 다음 달인 2월에도 '입춘' '밸런타인데이'라는 행사가 들어 있지만, 1월의 경우는 정월초하루와 성인식[30]을 제외하면 국민적인 이벤트는 아무것도 없습니다. 정월 장사는 거의 12월 말에 끝나 버리고, 성인식도 그해에 성인이 되는 사람이 가족 중에 없으면 관

———

30) 일본은 1월 두 번째 월요일이 성인의 날로 20세가 되는 젊은이들이 성인식을 치른다.

계없는 행사입니다.

그러면 이런 아무런 이벤트가 없는 달에는 무엇을 팔면 좋을까요?

표면적으로 눈에 띄는 이벤트는 없어도, 1월에는 숨겨진 테마가 존재합니다. 그것은 '추위, 감기, 독감예방대책, 건조대책, 수험시즌'입니다.

확실히 수수한 테마이긴 하지만 만만한 게 아닙니다. 아직 기온이 낮고, 공기가 건조해 독감이 맹위를 떨치는 이 계절이야말로 확실하게 사람들이 필요로 하는 물건들이 있으니까요.

감기예방용 마스크나 건조예방용 목캔디, 보습크림, 추위대책용 핫팩 등이 잘 팔립니다. 이미 감기에 걸린 사람은 요구르트나 젤리, 귤이나 스포츠음료 등이 마시고 싶어집니다. 따뜻한 찌개 요리나 몸을 데워 주는 생강이 든 수프나 음료, 녹차, 유자차 등도 좋습니다.

또 1월은 수험시즌이기도 합니다. 수험생이 힘을 내도록 식사나 야식, 과자, 학원에서 돌아올 때 먹고 싶어지는 어묵 등의 상품도 점포에 잘 진열이 되도록 배려를 합니다. 시험장이나 성인식 행사장 근처의 점포에서는, 따뜻한 음료나 핫팩, 잠 깨는 껌이나 사탕, 여차할 때 필요한 문구 등도 팔릴 겁니다.

주로 편의점의 상품구색을 중심으로 이야기했지만, 다른 업종에서도 이 숨겨진 테마를 살릴 수 있습니다. 기온이 낮고, 감기에 걸리기 쉽고, 수험이라는 긴장된 이벤트가 있는 이 시기에 음식점이나 카페, 잡화점에서도 편안하게 기분을 진정시킬 수 있는 허브티나 향기가 있는 아이템, 보습대책이나 건강잡화, 마음을 안정시켜 집중력을 높

이기 위한 아이템 등의 매장을 특별히 만들어 사람들의 컨디션에 맞
는 매장을 만들 수 있을 것입니다.

아이스크림은
언제 어디서 팔리는가?

———

여름에 잘 팔리던 아이스커피의 매출이 따뜻한 커피에 그 자리를 내주는 것은 대략 바깥 기온이 22도 이하로 떨어지는 때부터입니다. 그리고 여기서 10도가 더 떨어지면 피부에 느껴지는 추위로 인해, 사람들은 겨울용 상품을 사고 싶어집니다. 편의점에서는 어묵이나 라멘, 찐빵 등의 매출이 오르고, 아마 겨울용 옷이나 신발 등도 잘 팔리게 될 겁니다.

반대로 겨울에서 봄으로 바뀌어 바깥 기온이 높아지면, 따뜻한 커피의 판매 수와 아이스커피의 판매 수는 역전됩니다. 동시에 아이스크림의 매출도 상승하기 시작하여 30도를 넘어 더워지면, 이번에는 컵 아이스크림이나 빙과류 아이스크림의 매출이 오릅니다. 더욱 차가운 것을 찾기에 크림 형태보다 팥빙수 같은 것이 먹고 싶어지겠지요.

최고기온별 평균커피판매상황

※객수 1000명당의 판매개수

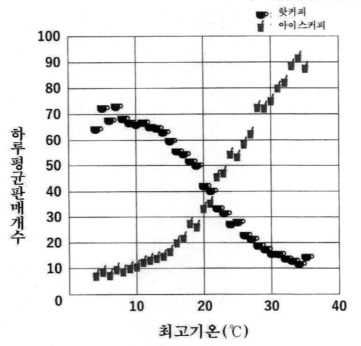

핫커피와 아이스커피의 매출 수량은 최고기온 22℃를 경계로 역전된다.

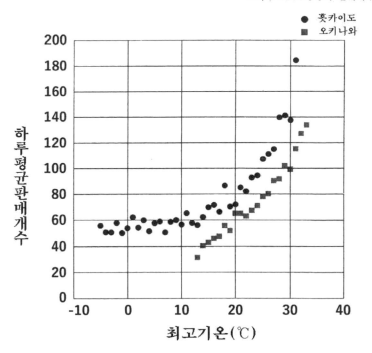

지역별 평균아이스크림판매상황

※객수 1000명당의 판매개수

● 홋카이도
■ 오키나와

하루평균판매개수

최고기온(℃)

홋카이도도 오키나와도 기온이 오르면 판매수
가 신장하는 경향은 똑같지만, 같은 기온이면
홋카이도 쪽이 판매수가 많다.
홋카이도는 10℃이하가 되어도 아이스크림의
판매수는 떨어지지 않는다.

그런데, 아이스크림은 심오합니다. 일반적으로 여름에 잘 팔리고 겨울에는 판매가 떨어질 터인데도 불구하고 일부 아이스크림만은 연중 쭉 잘 팔립니다. 그것은 고급 컵 아이스크림 장르입니다. 빙과류 아이스크림이나 바 아이스크림, 소프트크림이나 모나카 등이 팔리지 않게 되는 계절에도 여전히 풍부한 맛의 초콜릿 아이스크림이나 녹차 아이스크림, 과일 등을 사용한 고급 컵 아이스크림은 변함없이 잘 팔려 나갑니다.

고급 컵 아이스크림은 차가움을 원해서 찾는 상품이라기보다는 케이크처럼 디저트로서의 위치를 확립하고 있기 때문입니다.

또 종종 이야기되듯이 아이스크림의 판매동향에 있어서 홋카이도[31] 만큼은 전혀 다르다는 것도 추가로 이야기해 두겠습니다. 홋카이도의 겨울은 기온도 영하로 떨어지고, 눈보라가 치는 날도 적지 않습니다. 도쿄 사람들에게는 극한의 땅처럼 생각되지만, 실은 실내는 매우 따뜻합니다. 밖이 추운 만큼 주거지의 밀폐성이 높아 난방도 고성능으로, 사람에 따라서는 반소매로도 지낼 수 있을 것 같은 환경이 갖추어져 있기 때문입니다. 그것은 즉, 일 년 내내 아이스크림을 맛있게 먹을 수 있다는 것입니다. 지역이 바뀌면 '변화'도 있다는 것입니다.

---

31) 일본 최북단부에 있는 섬으로 일본에서 가장 춥고 겨울이 긴 지역이다.

계절이 바뀌면
죽어 가는 상품도 있다

———

    계절이 바뀌는 시기를 판단하는 것은 어렵습니다. 달력상의 계절과 심리적인 기온은 다르기 때문입니다. 인체가 더위, 추위를 느끼는 것은 상대적인 감각이며, 같은 25도라도 봄에서 초여름으로 바뀌는 시기의 25도는 매우 덥게 느끼는 반면, 여름에서 가을로 바뀌는 시기의 25도는 서늘하게 느낍니다.

    '마케팅은 체감온도로 하는 것', 저는 종종 이렇게 말합니다. 점포에 어떤 상품을 진열해 판촉을 하는 과제에 있어서, 자기 자신이 느끼는 계절변화의 감각은 아주 중요합니다.

    과거 이 시기에 취급했던 상품의 데이터나 기상청 발표의 일기예보나 예상기온 등의 정보도 물론 중요하지만, 그것과 동시에 피부로 느끼는 계절의 변화를 점포에 반영할 필요가 있습니다.

하지만 나날의 업무를 열심히 하는 현장 직원 중에는 계절의 변화를 느끼지 못하는 사람도 있습니다. 매일, 매주, 조금씩 기온이 올라가는 (또는 떨어지는) 것과 동시에 몇 주 전에 '살아 있던' 상품도, 점점 죽은 상품으로 바뀌고 있는 사실이 매일의 업무에 매몰되어 느껴지지 않는 것입니다.

하지만, 지금껏 반복해 이야기한 것처럼, 점점 팔리지 않게 된 상품을 '아직 괜찮겠지'라고 버티는 것이 아니라, 과감하게 폐기하는 판단도 필요합니다.

지금껏 잘 팔린 상품을 과감하게 교체할 시기를 명확히 하는 것은 어려울지도 모릅니다. 바깥은 아직 춥고 (덥고) 조금 더 진열대에 두면 팔리지 않을까 하고 질질 끌면서 판단을 뒤로 미뤄버립니다. 하지만 거리의 쇼윈도우를 잘 보세요. 최신 유행의 패션점포는 이미 몇 개월을 앞서 나간 디스플레이로 장식되어 있습니다.

일반적인 장사에서 이런 전략을 취하라는 것은 아닙니다. 하지만, 이제 곧 가을 겨울이 가까워져 오는데도, 여전히 매장이 여름용 상품으로 넘쳐 나는 상황은 피해야 합니다. 거리를 지나가는 사람들보다 한 발이나 두 발 먼저 계절을 느끼고, 이제껏 있었던 철지난 계절상품을 철수하고, 새로운 계절상품으로 진열대를 구성합니다.

점포에 있으면 고객이 구매할지도 모르는 상품도 애초에 매장에 놓여 있지 않으면 그 존재를 알 수도 없습니다. 계절변화의 대응으로써 새로운 상품을 도입하기 전에, 우선은 지금 있는 재고를 재검토하는 작업부터 시작해 봅시다.

키워드 연상으로
뇌를 단련한다

———

제가 가끔 하는 게임이 있습니다. 어떤 단어와 관련된 것을 차례차례로 연상해 보는 것입니다.

예를 들면, '봄'이라는 단어로부터 무엇을 연상할까요? 편의점에서 일하는 사람이라면, 이런 연상이 떠오르지 않을까요?

· 봄 → 벚꽃구경 → 벚꽃구경 관련 정보가 실려 있는 잡지가 잘 팔린다. → 벚꽃지역의 푸드가 잘 팔린다.
· 봄 → 꽃가루알레르기[32] → 마스크가 잘 팔린다. → 티슈가 잘 팔린다. → 고기능 마스크나 피부에 좋은 고품질 티슈도 잘 팔린다.
· 봄 → 프로야구 등의 스포츠가 시작한다. → 신문이 잘 팔린다.

---

32) 식물의 꽃가루가 원인이 되어 코나 목구멍에 일어나는 알레르기성 질환으로, 일본에서는 봄에 많은 사람들이 꽃가루 알레르기로 고생한다.

→ 전문잡지가 잘 팔린다. → 경기장 근처의 푸드가 잘 팔린다.

'봄'이라는 키워드만으로도 점점 더 많은 연상이 떠오릅니다. 여러 직종에서 시험해 보면, 더 다양한 연상이 떠오를 테지요.

어쩌면 점포에서 일하는 사람들 중에는 매일매일 똑같은 직장에서 똑같은 상품에 둘러싸여 변화 없는 생활을 한다고 생각하는 사람이 있을지도 모르겠습니다.

하지만, 잠깐 생각해 보는 것만으로도 이렇게 매장연구에 대한 힌트가 떠오릅니다. 여기서부터 자기 나름의 매장개혁도 할 수 있을 것입니다.

제가 현장에서 일하던 때의 일입니다. 제가 점포에서 일했던 것은 꽤 옛날이어서 오래된 사례라 죄송하지만 생각난 김에 이야기해 보겠습니다.

지금은 텔레비전 프로그램도 자동으로 텔레비전 내장형 하드디스크에 녹화하거나 인터넷에서 나중에 볼 수도 있지만, 이전에는 다시 보고 싶은 프로그램은 매번 스스로 녹화를 해야만 볼 수 있었습니다. 편의점에서는 그 비디오테이프도 판매했었는데 어느 날 깨닫게 된 것이 있습니다. 보통 비디오테이프는 점포의 깊숙한 안쪽에 조용히 놓여 있습니다. 하지만 생각해 보니 많은 사람이 보고 싶어 하는 프로그램은 저녁시간 이후에 집중되어 있습니다.

특히 직장인들은 평일 낮에는 비디오테이프 같은 것은 사지 않고 회사에서 귀가할 때 사게 됩니다.

여기에 착안해 저는 저녁시간 이후에 비디오테이프를 점포 앞쪽 눈에 띄는 곳에 진열해 보기로 했습니다. 이렇게 해 보니 역시 생각한 대로 회사에서 귀가하는 사람들이 점점 많이 사 가게 되어 비디오테이프의 매출이 급상승했던 것입니다.

뭔가 새로운 상품을 도입한 것이 아닙니다. 원래 있었던 상품의 진열장소를 바꾼 것뿐입니다. 하지만 그때까지 편의점에 비디오테이프가 있다는 것조차 몰랐던 사람도 있었을 것입니다. 이전부터 있었던 상품도 보여 주는 방법 하나로, 그 상품의 존재를 어필해 매출을 올릴 수 있다는 것을 배웠습니다.

실패해도 좋습니다. 모처럼 스스로 연구해도 성과가 나오지 않는 일도 있습니다. 하지만 그런 경우는 방법을 바꿔 다시 해 보면 됩니다.

윗사람들도 젊은 사람들이 여러 가지로 도전하는 것을 격려할 마음의 여유를 가져야 합니다. 점포의 경영이나 회사의 방침에 관한 중대한 결정을 혼자서 마음대로 해서는 곤란하지만, 상품을 팔기 위한 연구를 하는 것은 대환영입니다. 새로운 것에 도전해 그것이 실패하는 것보다 실패를 두려워해 아무것도 하지 않는 것이 미래의 리스크는 훨씬 더 크기 때문입니다.

공짜로 할 수 있는
마케팅

———

연상게임과 함께 일상적으로 할 수 있는 마케팅이 있습니다. 일상생활의 '대화'입니다.

가끔 '저는 열심히 일만 해서…'라고 잔업을 계속하는 나날을 자랑하는 듯한 사람도 아직 있지만, 눈앞의 일만이 아니라 가끔은 자기 주위의 사람들에게도 관심을 가졌으면 합니다.

지금 세상 사람들은 무엇에 관심을 가지고 있는지, 무엇이 유행하고 있는지, 젊은이들은 어떤 스타일의 옷을 입고 어떤 물건을 가지고 있는지 등 주위를 둘러보고 지인이나 가족들과 소소한 세상 이야기를 하는 중에도 얻을 수 있는 정보는 많이 있습니다.

'프로야구 오픈전이 가까워졌네'

돈이 되는 상품개발

'요즘은 축구 이야기로 떠들썩해'

'올해 벚꽃은 빨리 필 것 같아'

'서점에서는 이런 책이 잘 팔려'

'최근 젊은 여성들 사이에서는 이런 카페가 인기야'

'초등학생 사이에서 이런 장난감이나 텔레비전 프로그램이 인기가 있대'

이런 정보는 뉴스나 인터넷만으로는 얻을 수 없습니다. 주위의 사람들로부터 얻을 수 있는 살아 있는 정보에는 귀중한 보물이 숨겨져 있습니다.

휴일까지 전부 반납하고 정보 수집을 하라는 것은 아닙니다. 정보를 모으기 위해 억지로 대화를 하라는 것도 아닙니다. 단지, 업무 이외의 시간도 제대로 가지면서, 자신의 업무내용에 관계없는 일에도 시야를 넓혔으면 합니다.

가족끼리 놀러 가서도 집사람이 어떤 도시락을 만들어 왔는지, 주위의 가족들은 어떤 점심을 먹고 있는지, 도시락은 어떤 용기에 들어 있고, 그 사람들은 어떤 옷을 입고 있는지, 돗자리는 어떤 무늬고, 아이들은 어떤 내용의 대화에 열중하고 있는지 그런 일상의 소소한 일에도 관심을 가졌으면 합니다.

마케팅은 조금도 어려운 일이 아닙니다. 나날의 사소한 일에 주의를 기울이는 것에 특별한 투자는 필요 없으며, 개인시간이라도 유익한 시장조사는 할 수 있는 것입니다.

저는 돈을 지불하고 전문기관에 조사를 의뢰하는 일도 있지만, 결국 거기서 나온 숫자에서 도출된 보고서보다도, 실제로 자신이 일상생활에서 나누는 대화나 목격한 일, 들은 일, 경험한 일 등으로부터 영감을 받는 경우가 많습니다. 전문기관의 보고서는 많은 사람들의 평균치를 나타내 주지만, 실제로 상품개발을 할 때에는 평균을 겨냥해서는 히트상품은 나오기 어렵습니다. 100명 중 60명이 찬성한 사실을 기반으로 만들어진 상품보다도, 단지 10명의 색다른 의견을 기반으로 만들어진 물건이 히트하는 일은 많습니다.

또, 편의점은 세상의 다이나믹한 변화보다는, 주위의 작은 변화에 대응해 가는 존재이기도 합니다. 이 사회의 생활인의 한 사람으로서 호기심 어린 시선을 가지고, 정보 수집을 하는 자세가 중요합니다. 아무쪼록 제조업체들하고만 이야기하지 말고, 한 명의 소비자인 사람들의 일상생활로부터 다음 일의 힌트, 현재 일의 문제점을 발견해 내는 연습을 해 보세요.

덧붙여 말하자면 저는 깨닫게 된 일, 알게 된 일을 종종 수첩에 휘갈겨 써 둡니다. 글자뿐만 아니라 생각난 일을 그림으로 그리는 경우도 많은 것이 특징으로, 이 메모로부터 지금까지 여러 가지 상품이나 서비스가 만들어졌습니다. 단지 유감스러운 것은, 휘갈겨 써 둔 글씨가 너무 지저분해 글을 쓴 저 자신도 알아볼 수 없는 경우가 많다는 점입니다…….

똑같은 봄은
두 번 다시 오지 않는다

———

    계절이 바뀔 때는, 상품이나 POP는 물론 점포의 모든 것을 바꾸어야만 합니다. 하지만 그때, 부디 작년 같은 계절을 회상하며 그것과 똑같이 하려고 하지 마십시오.

    일 년에는 네 개의 계절이 있지만, 엄밀한 의미에서는 똑같은 계절은 두 번 다시 오지 않습니다. 작년은 시원한 여름이었을지 모르지만, 올해는 혹서일지도 모릅니다. 작년 봄은 벚꽃을 오랫동안 즐길 수 있었지만, 올해는 강풍으로 한꺼번에 꽃잎이 떨어져 버릴지도 모릅니다. 작년 가을은 놀러 가기 좋은 날씨가 이어졌지만, 올해는 갑자기 겨울로 들어서는 일도 있을 겁니다.

    요리사는 그해, 그 계절, 그날에 따라 식재의 맛을 음미해 조리합니다. 계절에 따라 산지도 바뀌고, 날씨에 따라 잎의 두께나 맛이 바뀝니다. 그때마다 식재에 맞도록 간을 하고 적당한 조리법을 찾아야만 합니다.

요리사뿐 아니라, 장사하는 사람도 모두 마찬가지로 각각의 사계절을 마주해야 하지 않을까요?

가끔 '작년 이맘때는 이 판촉을 했었으니까 올해도 슬슬 해 볼까?'와 같은 말을 하는 사람이 있습니다. 하지만, '작년 이맘때' 같은 것은 아무런 근거도 되지 않습니다. 작년과 똑같은 봄은 두 번 다시 오지 않기 때문입니다. 매년, 매월, 매일, 매장은 하얀 캔버스에 그림을 그리는 것처럼 디자인해야 합니다.

잘 팔리는 매장 만들기에 있어서 가장 중요한 것은, 점포에서 일하는 직원들의 현장 감각입니다. 매일 카운터나 매장에서 얼굴을 마주하고 있는 고객들이 오늘은 무엇을 원하고 있을지, 어떤 계절감을 가지고 생활하고 있는지, 바깥은 더운지 시원한지, 공기를 느끼면서 구체적으로 이미지화해야 합니다.

편의점의 경우, 옷가게나 음식점처럼 접객을 위해 고객과 대화를 하는 일은 적지만, 그러한 부족함을 보완하고 고객과 충분히 마주할 수 있도록, 일부러 편의점의 카운터는 고객과 대면할 수 있도록 설계되어 있습니다.

앞으로는 모든 업종이 전자상거래화되어 무인카운터나 무인배달 등이 늘어나겠지요. 하지만, 그럴수록 더욱더 고객과 충분히 마주하는 접객은 지금 이상으로 중요시해야만 합니다.

돈이 되는 상품개발

브라질에서는
비가 얼마나 오고 있을까?

———

　12월, 이 시기 저의 최대 관심사는 브라질의 기후입니다. 고품질 커피원두 산지인 브라질에서는, 12월부터 우기가 시작됩니다. 여기서 비가 적게 오면 커피원두의 질이 떨어지기 때문에, 이 시기 저의 마음은 브라질로 날아가 있습니다.

　지금 각 편의점체인에서는, 점포에서 바로 추출한 커피가 주력상품으로 성장하고 있습니다. 각 편의점에서는 그 커피를 얼마나 맛있게 추출할 수 있을지 지속적으로 시행착오를 계속하고 있습니다.

　맛있는 커피를 위해서는 고품질 커피원두의 확보가 반드시 필요합니다. 그것도 품질이 일정한 원두가 대량으로 필요합니다. 각 점포에서 맛이 바뀌거나 혹은 해마다 커피 품질에 차이가 생기거나 해서는 곤란합니다.

'작년에는 맛있었는데, 올해는 맛이 조금 부족한데'라고 여겨지면 큰일입니다.

덧붙여 말하자면, 나무에 열매가 열리는 과일은 모두 마찬가지지만, 커피원두의 수확량에도 풍년과 흉년이 있다는 것을 알고 계십니까? 올해 풍작이었던 경우, 즉 '풍년'이었던 경우, 저절로 내년은 '흉년'이 되고 수확량이 감소합니다. 해마다 풍작과 수확량 감소가 반복되는 것은 왜일까요? 그것은 자연계의 구조에 의한 것으로, 식물호르몬이나 광합성에 따라 축적된 당분에 차이가 나는 것에서 비롯되는 것 같습니다.

매년 수확량이 변하는 커피원두 같은 수확물은, 대량으로 구입하고 싶은 사람에게는 불안요소도 크고, 해마다 구입할 수 있는 양에 차이가 나는 것이 고민거리입니다. 농가에서도 가능한 한 풍작과 흉작이 현저히 나오지 않도록 연구를 하고 있지만, 그럼에도 완전히 없애는 것은 어려운 것 같습니다.

수확량이 다르면 당연히 가격은 변동합니다. 커피원두는 올해가 풍년이었다면, 내년은 흉년이 되기 때문에 전체의 수확량이 줄어들어 당연히 가격이 상승합니다. 거기에 더해서 날씨가 나쁘거나 하는 요소가 더해지면, 더욱더 가격도 수확량도 변화하기 때문에, 언제나 조마조마하면서 브라질의 날씨를 쳐다보게 됩니다.

상품팀에게 이런 지식은 당연한 것입니다. 먼 브라질의 날씨까지 신경 써 가며, 가격동향에 눈을 떼지 않고 원료 구입을 해야만 하기 때문입니다.

바닷물 온도와
삼각김밥

———

커피원두에 대해 이야기가 나온 김에, 다른 원료에 대해서도 잠깐 이야기해 보겠습니다.

편의점의 주력상품이라고 하면 삼각김밥입니다. 그리고 삼각김밥이라고 하면 품질 좋은 쌀과 김의 확보가 반드시 필요합니다.

11월은 김의 구입이 시작되는 달로, 큐슈의 아리아케,[33] 센다이[34]에서 제일 먼저 개시됩니다. 우리도 사전에 면밀히 생산업자와 협의하여, 품질이 안정되고 맛있는 김을 대량으로 확보할 방법을 생각해 냅니다. 하지만, 이 협의가 막판에 갑작스럽게 변경되는 일도 적지 않습니다.

---

33) 일본 큐슈의 북서부에 있는 바다로 일본에서 김의 산지로 유명하다.
34) 일본 혼슈의 동북부에 있는 미야기현의 도시이다.

2016년은 당초, 여름의 해수온도가 낮아 김을 안정적으로 수확할 수 있어, 가격은 낮을 것으로 예상하고 있었습니다. 그것이 막판이 되어 급변하였습니다. 갑자기 해수가 따뜻해져 적조가 발생했기 때문입니다. 아리아케산 김의 품질이 나빠질 것이라는 통보가 날아온 것은 구입하기 몇 주 전이었습니다. 당연히 가격이 비싸져 버렸습니다.

기껏해야 김이지만, 그래도 김입니다. 편의점에게 있어서 안정된 품질의 김을 충분히 확보할 수 있는지 아닌지는 사활이 걸린 문제입니다. 무엇보다 사들이는 양이 막대합니다. 단가에서 적은 금액만 상승해도 전체적으로는 꽤 큰 금액으로 늘어나 버립니다.

대형 편의점체인이 구입할 수 있는 김의 양은 연간 6억에서 7억 장, 금액으로 약 30억에서 40억 엔입니다. 덧붙여 쌀의 사용량은 10만에서 20만 톤, 금액은 약 300억에서 600억 엔입니다. 시가가 예상과 다르면, 상당히 큰 문제가 될 수밖에 없습니다.

지금 김은 패밀리마트나 세븐일레븐 등이 대표하는 편의점 업계가, 어디의 김을 얼마나 사는지에 의해 시가가 움직인다고 할 수 있습니다. 어느새 가정용이나 선물용 김보다도 편의점 삼각김밥용 소비량이 훨씬 많기 때문입니다.

그런데, 김의 흉작이 확실해진 경우에도, 취할 수 있는 선택지는 한정되어 있습니다. 어찌 되었든 전체량은 줄일 수 없습니다. '올해는 비싸니까 작년의 3분의 1만 하자'라는 선택지는 없습니다. 삼각김밥은 편의점의 주력상품으로, 체인 전체의 삼각김밥을 만들기 위해서는 전체 확보량을 줄일 수 없습니다. 그렇다고 하면, 삼각김밥의 생명인 김의 품질을 어느 정도 확보한 상태에서 가능한 한 싼 가격으로 구입할지, 또는 너무나 가격이 비싼 경우, 조금 등급을 낮춰서라도 구입한 후에, 얼마나 그 김을 맛있게 하는 연구를 할지입니다. 어느 쪽이든 급히 방법을 만들 수밖에 없습니다.

　이러한 비상사태는 늘 일어납니다. '예상과 다르잖아!'라고 화내거나, '어떻게 하지?'라고 머리를 감싸 쥐어도 소용없습니다. '변화'를 일으키고 있는 것은, 사람이 아니라 자연계의 바다이며 날씨입니다. 인간의 지혜가 통하지 않는 자연의 힘에 의한 '변화'로, 얼마나 유연하게 '대응'해 나갈지, 우리의 전력을 다할 수밖에 없습니다.

스케일
메리트와 디메리트

스케일 메리트라는 말이 있습니다. 원재료를 대량으로 매입해 대량으로 가공하고 대량으로 판매하는 것으로, 기업의 경제효과를 높일 수 있는 메리트(장점)를 말합니다.

이 장점을 최대한 살려 성장해 온 기업의 대표 격으로, 요식업계에서는 맥도널드, 규동[35)의 요시노야, 의류업계에서는 유니클로나 GU, ZARA, H&M 등과 주거관련용품에서는 니토리 등이 있습니다. 그리고 물론 편의점 업계도 예외는 아닙니다. 천이나 만 단위의 점포 수라는 크기로 얻는 장점은 큽니다.

그러나 장점의 이면에는 반드시 단점(디메리트)도 숨어 있습니다. 스케일 메리트의 이면에는 스케일 디메리트라는 이름의 함정이 기다

---

35) 일본식 소고기덮밥을 이른다.

리고 있습니다. 규모가 크기 때문에 생기는 리스크가 그것입니다.

편의점 가을 겨울의 주력상품의 하나로 어묵이 있습니다. 어묵 재료의 선호도는 사람마다 다를지 몰라도, 무는 언제나 대인기입니다.

국물이 깊게 스며든 따끈따끈한 무를 입안 가득 베어 먹을 때, 이제 가을이 되었다고 느끼는 것은 저뿐만은 아닐 겁니다. 그런데, 이 무가 2016년 가을에 괴물로 변해 버렸습니다.

편의점 어묵용으로 매입한 무의 산지는, 수확시기에 따라 달라집니다. 수확 초기는 홋카이도산 무를 사용하고, 다음은 아오모리산, 이바라키산으로 일본 열도를 순서대로 남하해 가서, 마지막에는 가고시마에 이릅니다. 그런데, 중요한 선발주자인 홋카이도산 무가 2016년도 여름의 태풍으로 타격을 받았습니다.

텔레비전에서 홋카이도의 태풍상황을 바라보는 우리의 마음속에서도 폭풍이 몰아쳤습니다.

무의 사이즈를 나타내는 표시로써, 작은 순서부터 1L, 2L, 3L이 있습니다. 통상 편의점의 어묵으로는, 충분히 성장해 식물섬유가 풍부한 커다란 3L을 사용하지만, 이 훌륭한 3L 사이즈가 태풍으로 모두 수확할 수 없게 되어 버린 것입니다.

3L 사이즈의 무가 꼭 필요한 사람은, 현금을 들고 농가 하나하나를 방문해야만 확보할 수 있을 정도로 품귀상태가 되었지만, 이런 일을 할 수도 없었습니다. 애초에 거래하는 생산업자는 정해져 있는 데다, 얼마 되지 않는 수의 무를 하나하나 사 오는 것은 불가능합니다.

고육책으로 3L보다 조금 작은 2L 사이즈를 가능한 한 확보하기로

하였습니다. 하지만, 이것도 문제가 있습니다. 보통 편의점의 어묵 사이즈는 직경 약 60밀리미터, 두께 약 50밀리미터여서, 3L보다 직경이 작은 2L을 사용하면, 한 개의 무에서 어묵용으로 한 개 밖에 나오지 않는다는 계산이 됩니다.

방법이 없습니다. 레시피를 변경해 약간 작은 사이즈로 타협했습니다. 하지만 그래도 무 하나로 한 개나 두 개가 한계입니다. 그렇다고 해서 이 이상 작게 해서는, 사정을 모르는 고객들로부터 '작아서 볼 품 없어졌네'라고 여겨집니다. 그렇다고 어묵에서 무를 뺄 수는 없습니다.

대량으로 매입해 대량으로 만들어 대량으로 판매한다는 것에서 얻을 수 있는 이익은 크지만, 뜻밖의 일로 이 구조가 성립되지 않을 때, 어떻게 대응하면 좋을지, 어디까지 타협해야 할지, 그리고 또 다음에 똑같은 일이 일어났을 때는 어떻게 대응하면 좋을지, 지속적으로 고민해야 할 문제입니다.

최고 인기 샌드위치를
출시할 수 없는 이유

———

'인생에는 세 번의 고비가 있다. 일이 잘될 때, 일이 안 될 때, 예상치 못한 일이 일어났을 때'라는 결혼식에서도 익숙한 주례사가 있지만, 저는 업무관련해서도 자주 이 말을 떠올립니다. 이렇게 오랫동안 일을 해와도 '설마!'하고 깜짝 놀라는 예상 밖의 순간은 늘 있습니다.

소매업, 서비스업에서 나날의 업무 중에 뜻밖의 일, 예상 밖의 문제는 으레 따라다니기 마련입니다. 혼자서 일을 하는 것도 아니고 많은 사원이나 종업원, 제조업체나 점주, 그리고 고객이 있는 장사인 데다가, 자연계의 작물이나 날씨를 상대로 일을 하고 있기 때문에 당연할지도 모릅니다.

면밀히 계획을 세워, 신상품을 개발하고, 레시피를 고안해, 제조업체나 공장과 협의하여 만반의 준비를 갖추고 나서 남은 것은 고객이 드시는 일뿐이라는 시점에 와서도, 모든 계획이 다 틀어지는 사건이 일어나 간담이 서늘해지는 순간은 종종 있습니다. 특히 먹거리는 공산품이 아닌 이상, 아무리 사전에 면밀히 매입량이 정해져 있어도, 이상기후로 순식간에 못쓰게 되는 경우는 얼마든지 있습니다.

2016년은 양상추 가격도 폭등한 해였습니다. 저희 체인에서 판매하는 샌드위치만으로도 연간 대략 1만 톤 이상의 양상추를 사용하고 있습니다. 그런데 태풍의 피해로 양상추의 최대 산지인 나가노가 타격을 받아, 예년의 절반밖에 수확할 수 없게 되었습니다.

급히 미국 등의 루트를 찾아, 샐러드에 사용하는 양상추의 양은 어떻게든 확보하였지만, 샌드위치용으로 충분한 양을 입수할 수 없었습니다. 가장 인기 있는 샌드위치는 사각사각한 양상추가 푸짐하게 가득 들어 있는 샌드위치입니다. 점포에서도 1, 2위를 다투는 인기 샌드위치를 판매할 수 없다는 것을 알고, 점주님들에게서도 불만의 목소리가 나왔고, 고객들도 실망시켜 버린 것입니다. 그럼에도 한 사람 한 사람에게 '올해는 태풍의 영향으로 양상추를 충분히 수확할 수 없어서……'라고 설명할 수는 없습니다.

그 교훈을 살려 다음 해부터는 국산 양상추에만 의존하지 않고, 해외의 고품질 양상추를 확보하는 루트를 준비하도록 하였습니다.

가장 인기 있는 상품, 자신들이 강점을 가진 서비스 같은 것은 많은 소비자의 지지를 받고 있기에 더욱더 문제가 발생한 때에는 장사의 중심을 흔들 수 있습니다. 그 중심 상품을 판매할 수 없는 사태를 피하기 위해 만전을 기할 것, 그리고 물론 그 상품 이외에 '잘 팔리는' 상품을 항상 가져갈 수 있는 것도 긴요한 일입니다.

캔커피
'조지아' 히트의 이면

―――

미국에서 생겨난 Amazon이나 스타벅스, 스웨덴의 의류업체 H&M이나 가구업체 IKEA, 스페인의 ZARA 등 탄생한 나라를 벗어나 세계로 진출한 기업은 적지 않습니다. 자국에 머물러서는 국내 시장의 한계가 있으니 세계 진출은 많은 기업에게 목표의 하나이겠지요. 일본에서도 무인양품이나 유니클로를 비롯해, 아시아를 중심으로 해외에 진출해 있는 기업은 적지 않습니다. 편의점 업계도 시행착오를 거듭하면서 해외 점포를 확대해 가고 있습니다.

하지만 여기에도 자국에서의 성공모델을 살려 나가면서도, 그 나라만의 풍습이나 식생활, 라이프스타일 등을 돌아볼 필요가 있는 경우도 있습니다.

그런 '나라가 바뀌면' 생기는 '변화'에 유연히 대응한 기업으로, 코카콜라가 있습니다. 코카콜라는 물을 필요가 없는 세계적인 유명 기업이지만, 일본 진출 시에는 대단히 고생했었다고 들었습니다.

탄산음료로서 '코카콜라'가 세계에서 점하는 점유율은 약 50%로 압도적으로 높습니다. 하지만 일본인에게는 좀처럼 콜라를 마시는 습관이 뿌리를 내리지 못해 고전한 것 같습니다.

식사 시에 콜라를 같이 마시기에는 일본 음식의 맛이 너무 섬세합니다. 아무리 세계적으로 팔리는 상품을 가져와도, 그 나라의 문화에 맞지 않으면 받아들여질 수 없다는 증거입니다.

특히 상쾌함이 특징인 콜라는, 일본의 겨울에 매출이 크게 떨어지는 것이 고민거리였습니다. 추운 시기에 차가운 탄산음료를 마시고 싶어 하는 일본인은 적기 때문입니다.

하지만, 코카콜라는 여기에서 발상을 크게 바꿉니다. '코카콜라'라는 세계적인 대히트상품을 고집하지 않고, 일본 고유의 미각에 기반한 상품을 개발하기로 한 것입니다.

일본 코카콜라가 특히 동절기대책으로써 착수한 것은 커피음료였습니다. 일본인이 좋아하는 캔커피가 타깃이었습니다. 어떤 커피를 팔면 잘 팔릴까를 시행착오를 거쳐 출시한 것이, 추운 시기에 따뜻하게 데워서 마시는 콘셉트를 전면에 내세운 '조지아' 브랜드였습니다. 이것은 대히트를 기록해 이후 '조지아'는 일본 캔커피 점유율 톱을 달리고 있습니다.

일본 코카콜라는 그 외에도 '코차카덴(紅茶花伝)'이나 '소켄비차(爽建美茶)' '가라다메구리차(体巡茶)' '아야타카(綾鷹)' '이로하스' 등 일본인이라면 누구나 알고 있는 히트음료를 다수 탄생시켰습니다. 모두 물이나 차 등 일본인이 즐기는 섬세한 미각을 추구한 것이 히트의 비결로, 그 나라의 기호에 맞춘 음료의 개발에서는 일본 코카콜라가 세계적으로도 특수한 노선을 밟아 성공했습니다.

　자신들의 히트상품 '코카콜라'의 세계적 성공에 안주하지 않고, 그 나라 소비자의 기호, 니즈에 다가가는 노력을 함으로써 이룬 성공이며, 시장의 '변화'로 인해 스스로를 크게 바꾸어 '대응'한 성공사례라고 할 수 있을 것입니다.

일본의 노하우는
세계에서 통한다?

─

　이번에는 그 나라의 독자적 노하우나 생각을 밀어붙이고자 한 것의 실패사례를 봅시다.

　이전에 한국 편의점에서 상품개발을 했던 때의 이야기입니다. 당시 저는 한국에서 거의 팔리지 않았던 삼각김밥을 일본과 마찬가지로 편의점의 메인상품으로 성장시키고자 여러 가지 방안을 짜내고 있었습니다. 그때 한국에서는 일본풍의 삼각김밥이 눈에 띄는 일은 거의 없었고, 주로 먹고 있었던 것은 일본의 츄마키와 비슷한 김밥이었습니다. 거기에 삼각김밥의 새로운 바람을 불러일으키고자 전략을 짰던 것입니다. 쌀과 김을 맛보고 시행착오를 거쳐, 한국인이 좋아할 것 같은 속 재료를 개발해 여러 가지 방법을 동원하여, 어찌어찌 삼각김밥은 한국에서도 인지도가 올라가 편의점 주력상품의 하나로 발전하였습니다. 그 당시의 일은, 전작 《삼각김밥 혼다씨》(이콘 출판)에 쓰여 있습니다.

한국에 삼각김밥을 뿌리내리겠다. 통상적인 방법으로는 만만치 않은 프로젝트였지만, 그 가운데서도 특히 기억에 남는 것이 각각의 국민이 생각하는 삼각김밥의 속 재료에 관한 감각의 차이였습니다.

한국판 삼각김밥의 속 재료에 무엇을 넣을 것인가? 당시 저는 '한국 = 김치'라는 발상에서 김치가 든 삼각김밥을 판매하면 잘 팔리겠지 하고 아이디어를 떠올렸습니다. 일본인의 매실장아찌 삼각김밥처럼, 그 나라의 소울푸드로서 좋아하실 거라고 생각한 것입니다.

하지만 이것은 대실패였습니다. 저의 의도와 반대로 김치 삼각김밥은 평가가 나빠 전혀 팔리지 않았습니다. 도대체 왜일까 하고 조사해 보니 의외의 이유를 알게 되었습니다.

한국에서 음식점에 들어가면, 여러 가지 김치가 제공됩니다. 일본 음식점에서 요리가 나오기 전의 가벼운 전채 같은 것이지만, 이들 김치는 기본적으로 무료입니다. 즉 한국인 입장에서 보면 '원래 무료인 김치를 흰 밥에 싸서 돈을 받는다'고 느끼게 해 버린 것입니다.

마찬가지로 의기양양하게 판매해서 실패로 끝난 속 재료로 매운 명란도 있습니다. 매운 명란은 매운 것을 좋아하는 한국인이 즐길 만한 것이며, 실제 한국에서도 팔리고 있습니다. 그것을 일본의 삼각김밥과 조합하면 틀림없이 잘 팔리겠지라고 생각했지만, 이것도 대실패. 당시 한국인에게 있어서 매운 명란은 찌개에 넣는 재료이기는 해도, 밥과 함께 먹는 것으로서는 받아들여지지 않았던 것입니다.

그 나라의 미각을 바꾸는 것은 쉽지 않습니다. '절대로 이게 맛있어!' '일본 것이 좋아' 하고 마구 밀어붙여도 받아들여지지 않습니다. 마찬가지로 그 나라에서 먹고 있는 것이라고 해서 안이하게 자신들도 그것의 덕을 보려 해도 위험하다는 것이, 그때의 실패에서 배웠던 교훈입니다.

돈이 되는 상품개발

'맛'은
과학이다

———

　예전에 아시아 어느 나라를 방문해 공항에서 삼각김밥을 샀는데, 먹어 보고 깜짝 놀랄 정도로 맛이 없었습니다. 쌀의 색깔도 이상해서 묘하게 노란색을 띄고 있었습니다. 하지만 품질이 나빠져서 그렇다기보다는, 처음부터 그런 상품으로 만들어진 것 같았습니다.

　거기서 그 삼각김밥을 만들고 있는 공장을 시찰해 보았습니다. 모든 면에서 경악할 수밖에 없었습니다. 우선 쌀을 취반할 때부터 이상했습니다. 보통은 쌀을 몇 번 씻고 침지해 불려서 짓습니다. 하지만 거기서는 먼저 쌀을 침지해 불리고 나서 씻고 있었습니다. 이래서는 쌀에 붙은 먼지나 쌀겨를 전부 쌀이 흡수해 버립니다. 밥 짓는 온도도 75도로 충분히 취반이 될 수 있는 온도가 아닙니다. 애초에 밥을 '짓는다'기보다 '삶는다'는 느낌이었습니다. 게다가 불로 가열한 쌀뜨물을 몇 번씩 버리고 있었습니다. 이래서는 원래 밥이 지어질 쌀에 농축되어 있어야 할 단맛이 쌀뜨물과 함께 모두 버려지게 됩니다.

밥이 지어지면, 이번에는 뭔가를 뿌리고 있었습니다. 이상하게 여겨져 '무엇을 뿌리고 있습니까?'라고 물으니 '식초입니다'라는 대답. 게다가 농도가 진한 식초입니다. 아연실색해 있으니 마지막에도 또 다른 노란 물컹물컹한 것을 섞고 있었습니다. 이번에는 '마요네즈입니다'라는 대답. 현지는 고온다습한 기후로 유통기한을 5일 정도는 유지하고 싶은 보존의 관점에서 이런 것을 섞고 있다는 얘기였지만, 도저히 맛있는 밥이 지어지리라고는 생각되지 않았습니다.

마지막에 그 삼각김밥용 밥은, 공장 라인의 작업자들의 손에서 몇 번이나 꾹꾹 눌려져 딱딱한 삼각김밥으로 완성되었습니다.

하지만 이것이 과연 진짜 일본의 삼각김밥이라고 할 수 있을까요? 백번 양보해서 '일본 삼각김밥'이 아니어도 좋습니다. 현지인들이 '맛있다'고 생각해서 먹는다고 하면요. 하지만 문제는 현지인들에게도 그것은 '맛없는 삼각김밥'이었습니다.

도대체 이것은 누구를 행복하게 해 줄 삼각김밥일까요?

저는 편의점이란 고객이 매일 이용하면서, 나날의 작은 행복을 느끼고 미소 지으며 기뻐할 수 있는 점포여야 한다고 생각하며 일을 하고 있습니다. 하지만 이 삼각김밥을 먹고 얼마만큼의 사람들이 방긋이 미소 짓고 있을까요? 먹는 사람에게는 맛이 없고, 만드는 공장이나 점포의 이익으로도 이어지지 않아 누구에게도 득이 되지 않는 상품입니다.

돈이 되는 상품개발

현재 일본의 상품이나 서비스는 바다를 건너 많은 나라에 진출해 있습니다. 태국 등의 아시아 여러 나라에서도 유니클로나 무인양품, 마루카메세이멘이나 오오토야, CoCo이치방야 등 현지에 사는 일본 인은 물론, 그 나라의 사람들에게도 사랑받는 문화로 발전하고 있습 니다.

　한편, 반드시 잘 팔릴 거라고 생각해서 진출해도 몇 년 만에 철수할 수밖에 없는 기업이나 상품도 다수 있습니다. 그 차이는 어디서 생겨 나는가 하면, '진짜'인지 아닌지에 달려 있는 것이 아닐까 합니다.

　일본식의 맛이나 방법이 다른 나라의 그것에 비해 절대로 뛰어나 니, 그것을 밀어붙이려는 것은 아닙니다. 현지인들이 먹어서 맛있다 고 생각하는 것을 추구해야 합니다. 그 위에 일본인이 자랑하는 일본 음식이나 일본 제품이 받아들여진다면 물론 그것은 기쁜 일입니다.

　하지만, 절대로 해서는 안 되는 것은 '타협'입니다. '맛있는 것'을 만 들면 최고지만, '비용이 들어서' '유통기한을 늘리고 싶어서' '현지 스 타일로 하고 싶어서' '일본풍으로 보이고 싶어서' 등 여러 가지 이유로 '진짜' 비슷한 '타협' 제품으로 충분하다고 생각한다면, 그것은 아주 일시적으로 유행할 수는 있어도, 오랫동안 사람들에게 사랑받는 상 품을 만들어 낼 수는 없습니다.

　아까 이야기한 일본계 기업으로 성공한 사례에서 현지 대응상품이 나 양념을 제공하기는 해도, '진짜' 제품 만들기를 추구한다는 기본자 세는 흔들리지 않습니다.

　삼각김밥 이외에도 샌드위치용 식빵을 구우려 할 때, 일본에서 사용하고 있는 식재와 설비를 건네주어도 완성품의 차이가 나는 일이 있습니다. 일본의 제조업체가 만들면 겉은 황금색이고 속은 솜처럼 하얗고 폭신한 빵이 구워지지만, 현지에서 만들면 속까지 너무 많이 굽든가, 전체적으로 모두 노란색으로 되는 경우가 있습니다. 그런가 하면, 이번에는 갑자기 새하얀 빵으로 구워져 '어떻게 한 건가요?'라고 물으면 '표백제를 넣었습니다'라고 웃으면 대답하는 일도 있습니다.

'맛'은 과학입니다. 채소를 효소로 씻어 섬유를 주의하면서 자른다. 품질 좋은 쌀을 골라 감칠맛을 농축하여 밥을 짓고 뜸을 들인다. 고기나 채소의 감칠맛을 잘 보존하면서 굽고 소금을 사용한다. 내용물을 짓누르지 않고 용기에 넣는 등 '맛'은 감이 아니라 과학과 경험이 뒷받침되어 완성되는 것입니다.

일본 음식의 맛은, 이러한 과학적인 지식이 경험이 되어 계승되고 있기 때문입니다. 일본 기업이 해외에 나갈 때, 소재나 조미료, 양념, 취향 등은 현지 대응하여 그 나라 사람들이 좋아하는 상품으로 만들어야 합니다. 하지만, 제품 만들기의 원점, 정신, 지식, 설비 등의 토대는, 흔들리지 않게 제대로 가져가야 한다고 생각합니다.

돈이 되는 상품개발

클레임은
찾아내는 것

———

　장사를 하다 보면, 아무리 완벽을 기하고 있어도 고객으로부터 질책의 전화를 받는 일이 있습니다. 상품에 결함이 있다, 접객에 문제가 있다는 등의 클레임을 받으면 가슴이 덜컥합니다. 자신도 모르게 '담당자는 뭘 하고 있었어!'라고 화를 내고 싶어집니다.

　하지만 클레임 속에는 세상의 '변화'를 느끼게 하는 신호가 들어 있습니다. 원래 클레임이란 기피해야 하는 것이 아니라, 오히려 감사한 것으로 받아들여야 하는 것이 아닐까요?

　예를 들면, 예전에 이런 일이 있었습니다. 어느 여름, 샌드위치에 머리카락이 들어 있다고 고객으로부터 불만의 메시지가 왔습니다. 서둘러 그 샌드위치를 만들고 있는 공장을 방문해, 위생관리를 보다 철저히 하도록 하기는 했지만, 원래 그 공장은 우수한 관리로 지금껏 그런 사건을 한 번도 일으키지 않았던 곳이었습니다. 왜 이번에는 이런 일이 일어났을까요?

이번 사태는, 계절과 인체의 '변화'에 관련하여 일어난 일이었습니다. 여름은 인체에게도 성장의 계절입니다. 모발도 여름에는 성장이 빨라 빠지기 쉽기 때문에, 이전까지와 똑같은 위생관리 방식으로 머리에 썼던 위생모도, 여름에는 우연한 순간에 머리카락이 빠져나간 것입니다.

겨울에는 문제가 없었던 것이, 여름에는 클레임소동으로 발전하는 일도 있다는 것입니다. 업무방식이 한 차례 완성되어도, 그것은 완성 버전이 아닙니다. 항상 문제점을 찾아내야 한다는 좋은 교훈이 되었습니다.

점포나 본부에 대해 클레임이 있는 경우, 클레임을 받은 개인이나 점포는 그 모든 것을 경영진에게 보고하는 것이 기본입니다. 거기에서 자신들의 실수를 감추려고 클레임을 깔아뭉개는 것은 기업에게 있어서는 중요한 '변화' 하나를 놓치는 일이 될 수 있습니다.

클레임의 대응이 늦어지면 늦어질수록 기업은 신뢰를 잃게 됩니다. 우리는 고객과 상품을 통해 커뮤니케이션하고 있습니다. 그 상품에 뭔가 부적절한 일이 일어나고 있다면, 그것은 고객이나 점포와 충분히 대화를 할 수 없게 되었다는 증거입니다. 고객이 '이상하다' '맛이 없다'고 느끼는 상품을 계속 제공하는 것은, 서로 간의 커뮤니케이션이 불완전한데도, 이쪽이 이야기하고 싶은 것만을 계속 떠들어대는 이기주의에 지나지 않습니다.

돈이 되는 상품개발

한 점포에서 발생한 클레임은 모든 점포에서 발생할 수 있다는 생각으로 대응해야 합니다. 어느 제조업체의 상품에서 클레임이 발생한 경우는, 그 제조업체의 다른 상품에도 문제가 없는지 의심해 보고 조사를 하는 것이 중요합니다. 클레임은 스스로 찾아내야 하는 것이기도 합니다. 그리고 때로는 즉각 공급을 중단시키는 판단을 내리는 일도, 본부의 중요 임무의 하나입니다.

상품에서 문제가 발견되면, 즉시 각 점포에 확실한 상황설명을 해야 합니다. 우리 일은, 단지 고객에게 상품을 '파는 것'이 아니라, 어디까지나 제조업체가 맡겨 둔 상품을 '팔리게 하는 것'이며, 우리의 재산만으로 비즈니스를 하는 것이 아닌 이상, 무책임하게 할 수는 없습니다. 클레임이란 형태로 나타난 '변화'는, 회사관계자뿐만 아니라 다른 많은 제조업체 관계자나 점포경영자의 생활까지도 위태로워지게 할 수 있습니다.

클레임은 하나의 커뮤니케이션입니다. 고객, 점포, 본부 각각이 발견한 부적절한 문제를 서로 확인하는 수단인 것입니다. 아니면 말고 식으로 넘어갈 일이 아니라, 클레임이 발생한 경우는 진심 어린 성의를 가지고 대응, 대처하는 것이 당연하면서도 중요한 일입니다.

조령모개(朝令暮改)인가?
'조령조개(朝令朝改)'인가?

　'변화대응'력이란, 한 시간 전에 내린 판단이라도 틀렸다고 깨닫게 되면 그 자리에서 수정할 수 있는 순발력을 말합니다.

　조령모개라는 말은, 원래 그다지 좋지 않은 의미로 사용됩니다. 아침에 정한 일을 저녁에 뒤집는다. '윗사람 사정으로 그렇게 간단히 변경하지 말아 주었으면' 하는 아랫사람의 기분도 이해합니다.

　경영진의 방침이 확실히 정해지지 않아 우왕좌왕하기만 하는 조령모개라면, 저도 해서는 곤란하다고 생각합니다.

　그렇다 하더라도, 그렇게 해야만 하는 사정이 있는데도 '이미 한 번 결정한 일이니까'라고 문제의 존재를 무시하고 결정을 바꾸지 않는 것도 잘못된 것입니다. 올바른 장사를 위해서는, 아침에 정한 일이라도 몇 시간 후에 철회하는 '조령조개'도 때로는 필요하지 않을까요?

그렇게 새삼스럽게 느낀 사건이 있었습니다.

저는 매일 아침 4시에 일어나, 6시 넘어서는 회사에 도착하는 생활을 오랫동안 해 오고 있습니다. 출근 전에 2~3개의 점포를 돌고 신상품이 나와 있으면 반드시 사서 먹어 보는 일을 업무관찰로서 계속해 오고 있습니다.

언젠가 신상품 도시락을 사려 하니, 사전에 보고를 받았던 토핑과는 전혀 다른 상품이 진열되어 있었습니다. 그 상품은 당초 제가 받았던 보고에서는, 아름다운 장식으로 입체적으로 예쁘게 토핑된 도시락이었습니다. 하지만 실제로 제가 점포에서 본 것은, 보고서의 사진과는 아주 동떨어진 정말 맛없어 보이는 상품이었습니다.

저는 그 자리에서 그 상품을 모든 점포에서 철수하도록 지시하였습니다. 그날 신발매된 그 상품은, 발매한 순간에 철수하게 된 것입니다.

너무 지나치다고 생각하십니까?

'아무리 그래도 전후사정을 확인하고 나서 해야' '힘들게 전 점포에 진열된 것이니 다음 날 상품부터 중지시키면 되지 않나?' 등 여러 가지 의견이 있을 거라고 생각합니다.

하지만, 그렇게 하지 않았습니다.

이유는 간단합니다. 그렇게 되면 결정적으로 늦어지기 때문입니다.

한 번 먹어 본 도시락이 맛없는 경우, 고객은 '지난번에는 맛이 없었지만, 다음엔 개선되어 있을지도 모르니 다시 한번 사 먹어 보자'라고 기회를 주실까요?

맛없는 도시락은 그것을 마지막으로 두 번 다시 시식될 수 있는 기회가 없습니다.

그것만이라면 아직 괜찮지만 '이런 수준의 상품을 태연하게 파는 이 편의점은 틀림없이 다른 도시락도 맛없을 거야'라고 판단될 수도 있습니다.

단 하나의 도시락 사건이, 그 도시락공장만의 문제가 아니라 그것을 팔고 있는 모든 점포, 회사 전체의 문제가 되는 것입니다.

결국 그 도시락을 조사해 보니 레시피 매뉴얼 그 자체에 결점이 있었던 것이 판명되었습니다. 공장은 본부로부터 제공된 매뉴얼에 맞게 제조해 출하합니다. 그런데 그 매뉴얼 자체에 결함이 있었던 탓으로, 힘들게 공장에서 예쁘게 토핑했던 그 도시락은 운반하는 도중에 내용물이 크게 흐트러져 버렸던 것입니다.

'이미 정해진 일이니까'라고 판단을 번복하지 않는 것의 장점은 그것에 관련된 사람들의 업무를 혼란스럽게 하지 않는 것에 있을지도 모릅니다. 그렇기는 하지만, 중요한 것은 그 업무에 관련된 사람들에게 배려하는 것이 아니라, 고객이 어떻게 생각할지입니다. 내부 사람들을 염려한 결과, 소비자로부터 외면당하는 결과가 된다면 결국은 자신들의 불이익이 되는 것입니다.

자신이 (혹은 모두가) 결정한 것, 말한 것, 생각한 것, 항상 그것이 올바른 판단이었는지 불안감을 가지면서 나아가는 것이 '일'인지도 모릅니다.

자기 부엌을
다른 사람에게 맡기지 않는다

———

　백화점이 고전하고 있습니다. 이전 시대의 스타였던 업태가 지금은 모두 곤경에 빠져 있습니다. 한때 융성했던 업태가 시대의 흐름과 함께 사람들로부터 외면당하는 그런 일은 왜 일어날까요?

　우선 일본 소매업 매출액 베스트 10의 추이를 봅시다.

　1968년에는 1위부터 10위까지 안에는, 다이에이나 세이유스토어 등 대형 마트가 2개사 들어 있고, 그 외 7개사는 모두 백화점이 차지하고 있었습니다.

　다이마루, 미츠코시, 다카시마야, 마츠자카야, 세이부백화점, 한큐백화점, 이세탄 등 쟁쟁한 멤버이며, 바야흐로 백화점 황금기라고 불리는 시대였습니다. 전후부흥, 계속된 고도경제성장기. 사람들이 열심히 일해 번 돈을 들고 새로운 것을 자꾸자꾸 구입하며 생활을 풍요롭게 해 갔습니다. 이 시대의 백화점은 '풍요로움'의 상징으로, 그곳에 가면 뭐든 살 수 있고, 맛있는 것을 먹을 수 있고, 놀 수 있는 특별한 장소였습니다. 또한 사람들이 오락을 즐길 수 있는 장소도 많지 않았던 시대였습니다.

그로부터 20년 후인 1988년. 상위 4개사는 백화점이 아닌 다이에이, 이토요카도, 세이유, 쟈스코 등의 대형 마트가 점하게 되었습니다. 5위부터는 세이부백화점, 미츠코시, 다카시마야, 다이마루 등 의연히 백화점도 건재하지만, 주목해야 하는 것은 이들 백화점이나 대형 마트 등의 매장면적이 큰 소매업태 가운데서, 새로운 소매업태로서 등장한 편의점 세븐일레븐이 7위에 들어 있다는 것입니다.

게다가 10년 후인 1998년, 백화점은 다카시마야 1개사만 남았을 뿐, 나머지는 대형 마트가 점하는 시대가 되었습니다. 편의점은 세븐일레븐, 로손, 패밀리마트가 상위 10위 내에 있습니다.

그리고 2015년, 세상은 지주회사 전성기가 됩니다. 각각의 회사가 하나의 지주회사에 통솔되는 형태로 성장한 대표사례가, 1위인 이온, 2위인 세븐&아이, 패스트리테일링, 미츠코시이세탄 등입니다. 그리고 패밀리마트, 로손도 순조롭게 매출을 올리는 톱 10에 파고들었습니다. (세븐일레븐은 2위인 세븐&아이홀딩스를 견인하는 입장으로 군림하고 있습니다.)

이러한 최근 반세기의 흐름에서 소매업태의 추세는 크게 변화해 왔습니다.

2015년 단계에서 백화점은 약 6.8조 엔의 시장규모였습니다. 하지만 편의점업계 전체는 그것을 훨씬 능가하는 10.9조 엔이라는 거대 시장으로 성장해 있으며, 가까운 장래에는 12조 엔 시장으로 성장한다고 합니다.

왜 이전 소매업의 스타였던 백화점이 추락하고, 한 점포의 규모라면 백화점에 훨씬 미치지 못하는 편의점이 이렇게까지 성장해 온 것일까요?

백화점이 뒤떨어지고 편의점이 뛰어나기 때문이라는 식으로 이야기하려는 것이 아닙니다.

한 가지 이야기할 수 있는 것은 편의점은 시대의 변화에 지속적으로 대응해 왔다는 것입니다. 편의점은 매장면적이 작아서 상황변화에 재빨리 대응할 수 있고 섬세한 변경, 변화를 하기 쉬웠다는 이점도 있었겠지요. 작은 점포를 전국 방방곡곡에 전개해 모세혈관처럼 미세한 물류를 독자적으로 만들어 왔다는 강점은 큰 것입니다.

세상 사람들의 라이프스타일은 변화합니다. 경제도 변화하고, 사람들의 사고도 변화합니다. 이것은 막을 수 없습니다. 그 변화에 얼마나 꼼꼼하게 대응할 수 있는지, 현재 상황의 한 발 앞에 있는 소비자의 니즈는 어디에 있는지 항상 미루어 살펴서 형태로 만들어 가는 기동력이 필요합니다.

예전에는 고가의 명품이나 고품질로 오랫동안 소유할 수 있는 홀륭한 것이 좋다고 여겨져 모두가 동경해 왔습니다. 그 시대에는 값싼 상품은 '싼 게 비지떡이다'라고 여겨지는 속담도 있었습니다.

그런데 최근에는 싸고 품질 좋은 물건이 많이 늘었습니다. 의류처럼 일 년 만에 유행이 바뀌는 업계에서는, 패스트패션이 대유행하여 특히 여성들 사이에서 인기입니다. 양복, 가구, 침구, 조리기구, 인테리어, 액세서리, 구두, 식품, 음식 등 모든 장르에 걸쳐 사람들의 선택지가 늘어나 반드시 고가가 아니더라도 만족할 만한 것을 갖출 수 있게 되었습니다. 소비의 장(場)의 선택지를 풍부하게 가진 현대인들에게 백화점에서만 할 수 있는 것은 무엇인지, 각 업체가 여러 가지로 대처하고 있습니다.

일본 백화점이 빠진 하나의 함정은, 거대한 매장면적을 자랑하며 전 세계에서 품질 좋은 상품을 선택한 것에 이점이 있었던 반면, 운영이 힘들어졌을 때 그 거대매장을 자유롭게 대폭 변경하는 순발력을 가지지 못한 점에 있을지도 모릅니다. 많은 브랜드숍을 테넌트로서 빌려준 만큼, 크게 매장을 바꾸고자 할 때에 자신들의 의사결정이 신속히 되지 않는 사정이 있었습니다.

요리사가 자신의 부엌을 다른 사람에게 맡겨 버리면, 여차할 때 부엌칼이나 냄비, 간장이 어디 있는지조차 모르는 상태가 됩니다. 그래서는 요리를 할 방도가 없습니다.

물론 사업이 어느 정도 커지면, 몇 개 정도의 업무를 아웃소싱해야만 하는 일도 있겠지요. 자기 혼자서 매입, 조리, 서비스, 회계까지 모두 할 수 없는 이상, 사람을 고용해 세세한 경리나 판매를 맡기거나 외부 회사에 의뢰하는 일도 있겠지요. 소매업이라면 물류 등은 외부 위탁도가 높게 되어 있습니다.

다른 사람에게 맡기는 것이 유행이라고 이것저것 모두 외부에 맡겨 버려서는 여차할 때 자기가 스스로를 바꾸는 일조차 어려워집니다. 슈퍼마켓이라도 자사에서 반찬을 만들어 팔아 온 곳은 지금 대단한 강점이 되어 세를 불리고 있습니다. 저도 여러 곳에 시찰을 가서 몇 가지인가 '여기 이 슈퍼마켓의 반찬은 언제 먹어도 맛있네'라고 감탄하는 점포가 있습니다. 그런 곳은 정해져 있어서 자사에서 상품개발을 하고 있는 곳입니다. 하지만 '슈퍼마켓에서도 반찬이 유행하니까'라고 안이하게 생각해 간단히 외부 테넌트업체를 도입해 반찬을 맡겨 버린 체인은 곤경에 빠져 있는 것이 현실입니다.

아웃소싱이라는 단어가 시대의 흐름에 아주 적합한 것처럼 들리지만, 시도할 때는 주의가 필요합니다. '여기까지는 외부에 위탁해도 좋다' '여기부터는 힘들어도 스스로 해야 할 일'로 구분을 지어 자신들의 중심, 자신들의 부엌이라고 믿는 장사의 본질에 대해서는, 스스로의 힘으로 개척할 필요가 있다고 생각합니다.

2025년
문제

———

제 친구 중에 넓은 집에서 혼자 사는 남성이 있습니다. 그의 집에는 훌륭한 주방이 있고 2층에는 침실도 있지만 그가 하루를 보내는 곳은 1층의 거실뿐입니다. 예전에 아이가 있었던 2층에 올라가는 일은 없고 아내도 없는 지금은 그의 거처는 거실에 한정되어 있어, 소파 주변에는 신문부터 이것저것 모두 놓여 있는 상황입니다. 당연히 주방 같은 곳에 발을 들이는 일은 없고 식사는 외식이나 간편식에 의존하고 있습니다.

그와 같은 케이스는 결코 극단적인 사례가 아닙니다. 체력이 있는 젊은이라도 독신생활의 경우는 요리를 하지 않는 사람이 늘어나고 있으니, 고령자가 일부러 무거운 짐을 들고 쇼핑을 하고 긴 시간 부엌에 서서 식사를 만드는 것 같은 일은 웬만큼 요리를 좋아하는 사람이 아니면 거의 없을 것입니다. 많은 고령자는 보다 손쉽게 이용할 수 있는 간편식이나 택배도시락에 의지하게 되어 있습니다.

지금 일본에서는 2025년 문제가 화제가 되고 있습니다. 현재 약 800만 명이라는 단카이 세대[36]가, 전원 후기고령자인 75세 이상이 되는 시기가 이제 곧 옵니다. 국민의 3분의 1이 65세 이상인 사회가 되는 것입니다.

열심히 일해 회사와 일본을 지탱해 왔던 단카이 세대는 숫자가 많아서 고도경제성장이라는 커다란 물결을 일으킨 반면, 그들이 모두 늙어 버리면 그것은 그것대로 의료비 문제나 연금 문제, 노인돌봄 문제 등 사회가 해결해야만 하는 과제도 산적하게 됩니다. 의료기술의 발달에 따라 오래 살 수 있게 된 것은 기쁜 일이면서도, 그 세대를 지탱하는 젊은이들의 숫자는 한정되어 있는 것이 문제입니다.

최근에는 치매 남편의 수발을 똑같이 나이를 먹어 노인이 된 아내가 담당해야 하는 문제나, 혹은 두 부모를 돌보기 위해 한창 일할 나이의 자식이 회사를 그만둘 수밖에 없는 노인돌봄으로 인한 이직 문제 등도 증가하고 있습니다. 어느 주부가 자기 가족을 돌볼 뿐 아니라, 연로한 부모의 수발, 여기에 시어머니를 돌보는 일까지 겹쳐 우울증에 걸렸다는 보도도 보았습니다.

이런 사회현상에 대해, 정부는 지역포괄 케어시스템이라는 것을 주창하고 있습니다. 나이를 먹었으니 시설에서 돌보는 것이 아니라, 가능한 한 자기가 익숙하게 살던 지역이나 자기 집에서 마지막을 맞

---

36) 2차 세계대전 직후인 1947~1949년에 태어난 일본의 베이비붐 세대를 이른다.

이하자는 것입니다. 시설도 돌볼 수 있는 사람도 재원도 부족하니, 지역이나 가족이 도와 달라는 것이겠지요.

집에서 마지막을 맞이한다는 것은 이상적인 방법으로 본인에게 있어서는 가장 행복할지도 모릅니다. 하지만 돌보는 사람의 육체적, 정신적 부담은 큽니다. 집 청소, 세탁, 식사, 가족 돌보기, 일 등에 더해져, 치매나 몸이 불편한 부모를 돌보는 것은 혼자서는 불가능에 가깝지 않을까요? 아무리 노력해도 하루는 24시간이고 인간이 로봇이 아닌 이상 피로가 쌓입니다. 개인의 노력이나 열의만으로는 어떻게 할 수 없는 일도 있습니다.

정부가 제안하고 있는 이 지역포괄 케어시스템이 상정하고 있는 '지역'이란, 거의 중학교 학군 정도입니다. 대략 도보 30분 권역 내에 주거, 의료기관, 약국, 돌봄 시설, 생활 서비스 등을 배치해 그 지역에서 노인들이 원하는 서비스를 받을 수 있도록 고려하라는 것입니다. 그리고 이 권역 내에 편의점은 확실히 들어 있습니다.

향후 일본의 65세 이상의 고령자 시장은, 100조 엔 규모로 예상됩니다. 그 가운데 51%가 생활 산업, 나머지는 돌봄 서비스와 의약품 관련입니다. 게다가 이 생활 산업의 내역을 보면, 그 가운데 20조 엔은 식(食) 관련이 점하고 있습니다. 즉 '식품'이 고령자 시장의 거의 첫 번째 항목이라는 것입니다.

이 시장에 참가하는 것이, 현재 모든 편의점의 한 가지 목표가 되었습니다. 법률이 개정되어 편의점도 택배 서비스 등 돌봄 서비스를 제공하는 사람들의 구매대행 서비스를 하고 그 수수료를 받는 것도 가

돈이 되는 상품개발

능해졌습니다. 지금부터 각 편의점들은 앞으로 할 수 있는 일을 모색하고 테스트하는 시기입니다.

솔직히 말해 지금은 아직 이익을 생각할 단계는 아니지만, 향후 사회가 확실하게 필요로 하고 있는 비즈니스인 것은 틀림없습니다. 그리고 이 거대시장에서 할 수 있는 일은, 굳이 편의점이 아니라도 많은 이들에게 기회가 있을 터입니다. 체인비즈니스가 아니라도 개인의 점포나 서비스로 세세한 니즈에 대응하는 것도 가능할 것입니다. 중요한 것은 아이디어와 진심입니다.

지방에서도 도심에서도 고립된 노인은 앞으로 점점 늘어 갈 것입니다. 자신이 나이를 먹고 1인 가구가 되어 외출하기도 힘들어졌을 때, 어떠한 케어, 서비스, 이용할 수 있는 시스템이 있으면 편리할지, 자신이라면 어떤 도움이 있으면 고마울지, 상상해 보면 많은 가능성이 보일 것입니다.

변화에 대응하는
힘을 기른다

———

한번은 점심을 먹으려고 신주쿠 거리를 걸으니, 여고생들이 '술집에 가자'라고 이야기하는 것을 듣고 깜짝 놀랐습니다.

하지만, 계속해서 대화를 흘려들으니 아무래도 그녀들은 술집에 점심을 먹으러 가자고 이야기한 것이었습니다.

최근 술집에서도 밤의 수익만으로는 부족하여, 일본 음식을 활용하여 건강한 일식 런치를 제공하는 곳이 생기고 있습니다. 그 외에 밤 시간대에 아이를 데리고 온 가족이 이용할 수 있도록 일반룸을 키즈룸으로 개장하고 있는 곳도 있습니다.

그런가 하면, 아침에 시내 카페에 들러 보니 비교적 이른 시간대에도 불구하고, 많은 비즈니스맨으로 몹시 붐비는 데다 그 대부분이 공부를 하고 있는 광경에 놀란 적도 있습니다.

24시간 영업하는 편의점에 관계해 온 한 사람으로서, 밤거리를 지나다니는 사람들의 모습이 줄어들었다고 느껴집니다. 지금은 '일하는 방법의 개혁'이 정부에서도 기업에서도 주창되고 있어, 실제로 생활에 침투해 오고 있는 것이겠지요. 밤늦게까지 놀러 다니던 사람들이, 빨리 집에 돌아가 충분히 수면을 취하고, 그 대신 출근 전 이른 아침에 카페에서 공부를 하거나, 헬스장에서 운동을 하면서 일본 사회 전체가 서서히 아침형으로 변화하고 있다는 것이 느껴집니다.

또 현재는 Facebook이나 LINE 등 SNS의 등장으로 실제로 친구와 만나지 않고도 자기 방에 틀어박힌 채 즐겁게 만날 수 있습니다. 패밀리레스토랑이나 술집이 고전하고 있다는 것도, 이러한 사회 전체의 변화가 크게 영향을 미치고 있을 것입니다.

다른 기업의 경영진들과 이야기할 기회가 있을 때마다 들어 보면, 그들의 다수가 가지고 있는 공통의 관심사는 '세상의 변화의 스피드에 따라갈 수 있는 기업이 될 수 있을까' 하는 것입니다.

세상의 '변화', 사람들의 '변화'에 따라갈 수 있는 기업인 이상, 그 기업은 번영을 계속해 나갈 수 있습니다. 기업으로서의 매출과 이익도 향유할 수 있을 것입니다.

하지만, 한번 '변화'의 대응이 늦어지기 시작하면 그것을 되돌리기는 쉽지 않습니다. 순식간에 격차가 벌어져 그것을 되돌리는 데에는 큰 희생과 노력을 지불하게 됩니다.

무서운 것은 어제까지의 체험은 아무런 도움이 되지 않는다는 것입니다. 그 기업이 번영해 온 기반 그 자체에 '변화'가 생기는 이상, 그 기업이 성공해 온 비결, 요령, 방법은 아무런 도움이 되지 못하고 완전히 새로운 방법, 시장, 기업으로서의 가치를 제로에서부터 만들어 나가야 합니다.

제로부터 시작하는 것보다
개혁하는 것이 더 어렵다

———

이전에 '혼다 씨가 어느 날 갑자기 패밀리레스토랑의 개혁을 맡는다면 어떻게 하시겠습니까?'라는 질문을 받은 적이 있습니다. 그냥 서로 문외한끼리 하는 시시한 잡담이었습니다.

하지만 의외로 이 일은 어렵다고 느꼈습니다. 제로에서 새로운 타입의 점포나 서비스를 생각해 내는 편이, 이미 완성되어 있는 구조를 변화시키는 것보다 훨씬 간단합니다. 패밀리레스토랑은 '패밀리'라고 주장하는 이상, 어린아이도 좋아할 수 있는 메뉴가 있어야 합니다. 하지만 저출산 시대인 데다 입이 고급스러운 어른들을 위한 맛있는 메뉴도 준비해야만 합니다. 그런 것을 기대하는 고객을 배신하는 일 없이 새로운 고객층도 얻고 싶기 때문입니다.

전면 리뉴얼의 결과, 예전의 고객은 떠나 버리고 새로운 고객층도 얻을 수 없는 사태는 피해야만 합니다. 긴자의 요정 같은 데서도 요리사를 바꾸면, 지금까지의 고객은 이전의 맛을 찾아 요리사가 옮긴 새로운 가게로 떠나 버려, 파리가 날리는 사태가 생기기 마련입니다. 새로운 고객층에게는 '한번 가 볼까?' '또 오고 싶네'라고 생각되면서도, 종래의 고객에게는 '더 좋아졌네'라고 느끼게 할 수 있는 개혁은 어떻게 하면 가능할까요?

결국 키워드는 '차별화'입니다. 지금은 가족 단위로 외식을 하는 기회 그 자체가 줄어들고 있으므로 단순히 적당히 싸고 적당히 맛있는 것을 먹고 오래 앉아 좀 떠들어도 되는 것만으로는 소비자의 마음을 사로잡는 강점은 되지 않습니다. 바꿔 말하면 '강한 방문동기'입니다. 집에서 먹는 것보다도, 근처의 값싼 중국집보다도, 회전초밥집보다도, '이 패밀리레스토랑에는 가고 싶어!' '왜냐하면……'이라는 강한 방문동기가 필요합니다.

앞에서 '단품관리' 이야기를 했지만, 이것도 마찬가지 아닐까요? 사람들은 '패밀리레스토랑'에 가고 싶은 것이 아니라, 'ㅇㅇ의 패밀리레스토랑'에 가고 싶다고 생각하는 것입니다.

이 점포에 올 필연성, 그것이 무엇인지는 모릅니다. 이것은 실제 점포를 만드는 사람이 생각할 일입니다. 특별히 맛있는 요리든지, 철저히 유기농 채소를 사용한 건강한 식사를 강조하든지, 패밀리레스토랑이지만 주류가 잘 갖추어져 있든지, 개별룸을 완비해 조용한 분위기에서 식사를 할 수 있든지, 아니면 더욱 엔터테인먼트적인 특색을 갖추든지 등이 있겠지요.

중요한 것은 단순히 '재미있을 것 같으니까' '특색 있으니까'라는 의미의 '차별화'가 아닌, '어떤 고객이 오도록 하기 위한 차별화인지'를 명확히 하는 콘셉트를 생각하는 것입니다. 예를 들면 유기농 채소를 내놓는 레스토랑도, 주류가 잘 갖추어진 술집도, 세상에는 넘칠 만큼 많습니다. 그들과 자신은 무엇이 다를까? 그들의 점포가 아닌, 굳이 우리 점포에 오도록 하는 의미는 어디에 있을까가 중요합니다.

자기 자신을 변화시키고 싶을 때, 종업원을 많이 끌어안고 있는 대기업일수록 몸을 움직이기가 쉽지 않습니다. 굴러떨어지던 언덕의 중간에서 버텨 내고 거기서부터 새롭게 다시 위로 올라가는 것은 대단히 어려운 일입니다.

그리고 또 어려운 것은 세상의 '변화'는 극히 알아차리기 어려운 형태로 커져 가고 있다는 것입니다. 어느 날 갑자기 '변화'가 일어나, 그것에 대응해야 하는 거라면 아직 이야기는 간단할지도 모릅니다. 하지만 현실은 그렇지 않아서, 실제의 '변화'는 조금씩 살며시 다가와서 어느새 내 곁에 와 있고, 알아차렸을 때에는 이미 거대하게 커져 있다는 것이 무서운 일입니다.

이 '변화'를 감지할 수 있는 능력을 길러야 합니다. 그리고 그것은 일상생활의 극히 사소한 대화나 거리의 풍경, 사람들의 모습에 나타나 있는 것입니다.

그래서 저는 끊임없이 '변화대응' '나날의 작은 변화를 놓치지 말라'고 반복합니다. 어제의 '변화' 오늘의 '변화'를 놓치면 한 달 후, 반년 후, 1년 후에 그것을 알아차려도 이미 늦어 버린 것이니까요.

이전에 중국에서 어느 편의점을 방문했습니다. 현지의 젊은이가 창업해 아직 300점포 정도지만, 월 30점포씩 출점하고 있어 이제 막 기세가 오르고 있는 체인의 점포였습니다.

스스로 콘셉트를 고안하고 집기도 자신들이 수작업으로 만들었습니다. 함께 지혜를 짜내 만들어 내는 모습은 호감이 갔고, 또 동시에 이 점포는 높은 일매출도 자랑하고 있었습니다. 저 자신이 점포에 발을 들인 순간 '여기는 훌륭한 편의점이다'라고 매료되었습니다.

먼저 집기는 수작업으로 만든 것이지만, 점포의 청결, 친절 서비스는 철저했고 푸드가 충실한 것도 눈이 휘둥그레지게 했습니다. 점포에서 조리된 맛있는 반찬은 뷔페방식으로 제공되며 고객이 스스로 음식을 선택해 토핑할 수 있는 즐거움이 인기의 비결이었습니다.

편의점의 기본인 집중출점 전략도 충실히 실행하고 있었습니다. 공장, 창고, 점포 간의 물류를 효율화하기 위해, 출점지역을 제한하면서 확대해 가는 것으로, 하나의 지역을 완벽히 제압하고 나서 다음 지역에 출점해 나가 물류로스를 최소한으로 줄일 수 있습니다. 이 체인도 충실히 지역을 한정해 신중하게 넓혀 가고 있는 것이 성공 비결의 하나였습니다.

이 점포를 보고 있으니, 40년 전 젊은 날 저의 모습이 떠올랐습니다. 당시 일본에서는 아직 편의점은 발전도상단계에 있어 저도 밤낮으로 시행착오를 반복하면서 정신없이 매장과 백룸을 오가고 있었습니다. 지난날 언젠가 제가 품고 있었던 열정 같은 것이 이 점포에 넘치고 있었습니다.

창업자인 젊은이에게 이야기를 들었습니다. 그는 편의점 사업에 열정을 기울였지만, 지금까지 몇 번이나 실패를 거듭해 온 인물이었습니다. 이번에 여러 차례의 도전 끝에 배수의 진을 치고 겨우 비즈니스를 궤도에 올릴 수 있었다고 이야기했습니다.

그와의 대화 중에 특히 놀랐던 점이 두 가지 있었습니다. 첫 번째는 이 체인의 점주는 모두 대졸이라는 점입니다. 물론 점주가 모두 대졸일 필요는 없습니다. 단지 아시아 각국에서는 지방에서 올라와 돈을 벌려는 사람들에게 점주를 맡기는 사례가 많은 만큼, 대학졸업 후에 해외에서 MBA를 취득한 사람 등이 경쟁적으로 점주가 되고 싶어 하는 것은 희귀한 사례라 할 수 있습니다. 현재 점주희망자가 수백 명 대기하고 있다는 것도, 일손부족에 허덕이는 일본에서 온 사람으로서는 인상적이었습니다.

또 하나 놀란 점은, 대단히 충실한 점포인데도 ATM이 없다는 것이었습니다. "ATM은 없나요?" 하고 물으니 그는 웃으면서 이렇게 이야기했습니다.

"혼다 씨, 중국에서는 약 80%의 사람이 스마트폰 결제를 합니다. ATM 같은 것은 필요 없습니다."

눈이 번쩍 뜨였습니다. 일본에서 온 편의점 전문가에게 그들은 말은 하지 않지만 '일본인은 뒤떨어져 있네. 아직까지 ATM을 전 점포에 도입하고 있다니'라고 생각하고 있는 것입니다. 그들에게 있어서 그것은 과잉 설비투자에 다름없었습니다.

여기에는 일본 편의점의 과거와 미래가 나타나고 있었습니다. 예전의 우리가 가지고 있었던 정열과 무한의 가능성, 그리고 지금부터 미래에 존재해야 하는 서비스의 모습입니다.

일본은 상품도 서비스도 모든 것이 고도로 발전해 온 만큼, 오히려 과거의 유산에 사로잡혀서 한 걸음 도약해 미래를 먼저 쟁취하는 것이 서툽니다. 오히려 제로부터 시작하는 것이, 이상적인 점포나 서비스를 만들어 내기 쉽다는 것은, 그들의 발상의 유연함을 보고 있으면 느껴집니다.

최근 일본에서는 물류 서비스의 초과노동이나 코스트 문제 등이 뉴스가 되어, 요금이나 일하는 방법 개혁의 논의가 표면화되었습니다. 지금껏 택배가 부재중에 오면, 배달원의 노동부담 같은 것은 그다지 생각하지도 않고, 다시 배달시키는 것을 당연한 것으로 여겨 왔지만, 원래는 두 번, 세 번 수고와 시간이 드는 만큼 추가로 요금이 발생하는 것은 당연한 일입니다.

우리는 '편리함'에 너무 익숙해져 버렸는지도 모릅니다. 그리고 슬

돈이 되는 상품개발

슬 '정말로 필요한 일'과 '참을 수 있는 일'의 경계선을 재검토할 시기에 와 있는지도 모르겠습니다. 일본과 한국, 중국을 비롯해 저출산고령화는 세계 많은 나라의 과제이며, 계속 비대해지는 소비자의 요구를 무제한으로 계속 들어줄 정도의 노동력은 확보할 수 없게 되어 있습니다.

사회 전체가 '편리함이란 무엇인가?' '정말로 필요한 것은 어떤 것인가?' '일하는 사람도 소비자도 양쪽이 행복해질 수 있는 일하는 방법이란 어떤 것인가?'를 제대로 다시 생각해 볼 시기에 온 것이겠지요.

저는 종종 편의점의 미래상에 대해 질문을 받는 경우가 있습니다.

솔직히 말해 저도 잘 모르겠습니다. 하지만 편의점만이 아니라 사회 전체가 지금보다 더욱 심플해져야 한다고 느끼고 있습니다.

정말로 필요한 일에 힘을 집중하고, 참을 수 있는 일이나 과잉 서비스는 조금씩 없애 간다. 그것이 지속가능한 사회를 구축해 가는 방책의 하나가 아닐까 합니다.

편의점은 소비자와 24시간 밀착해 생활하는 장사입니다. 사람들의 일상을 서포트하는 것이 사명인 편의점에서 40년 이상 일해 온 저이기에, 얻을 수 있었던 '장사의 기본'이라는 것이 있습니다. 그것은 아마 다른 여러 가지 일에도 응용할 수 있지 않을까 하는 그런 생각으로 이 책을 썼습니다.

일하는 사람과 고객이 함께 기뻐하는 물건이나 서비스를 만듦으로써 나날의 생활에 여유와 기쁨, 감동과 즐거움을 제안할 수 있도록 힌트를 드리는 데 이 책이 조금이나마 공헌할 수 있다면 다행이겠습니다.

돈이 되는 상품개발

| 히트상품은 어떻게 만들어지나? |

ⓒ 혼다 도시노리, 2021

초판 1쇄 발행 2021년 11월 1일

지은이   혼다 도시노리
옮긴이   류승훈
펴낸이   이기봉
편집   좋은땅 편집팀
펴낸곳   도서출판 좋은땅
주소   서울 마포구 성지길 25 보광빌딩 2층
전화   02)374-8616~7
팩스   02)374-8614
이메일   gworldbook@naver.com
홈페이지 www.g-world.co.kr

ISBN   979-11-388-0261-1 (03320)